U0739632

中青年经济学家文库

中国区域创新的阶段识别与提升策略

王利军 著

中国财经出版传媒集团
经济科学出版社
Economic Science Press

图书在版编目（CIP）数据

中国区域创新的阶段识别与提升策略/王利军著．
—北京：经济科学出版社，2018.3
ISBN 978－7－5141－9178－3

Ⅰ.①中…　Ⅱ.①王…　Ⅲ.①区域经济－国家创新系统－研究－中国　Ⅳ.①F127

中国版本图书馆 CIP 数据核字（2018）第 065436 号

责任编辑：刘　莎
责任校对：王苗苗
责任印制：邱　天

中国区域创新的阶段识别与提升策略
王利军　著
经济科学出版社出版、发行　新华书店经销
社址：北京市海淀区阜成路甲 28 号　邮编：100142
总编部电话：010－88191217　发行部电话：010－88191522
网址：www.esp.com.cn
电子邮件：esp@esp.com.cn
天猫网店：经济科学出版社旗舰店
网址：http://jjkxcbs.tmall.com
北京密兴印刷有限公司印装
710×1000　16 开　14.5 印张　210000 字
2018 年 3 月第 1 版　2018 年 3 月第 1 次印刷
ISBN 978－7－5141－9178－3　定价：49.00 元
（图书出现印装问题，本社负责调换。电话：010－88191510）
（版权所有　侵权必究　举报电话：010－88191586
电子邮箱：dbts@esp.com.cn）

前　言

区域创新系统作为国家创新系统在区域层次的延伸和体现，是创新型国家建设的重要支撑。对区域创新系统的研究尚未形成一套广为接受的理论体系，如何构建并推动区域创新系统发展也成为实践难题。区域创新系统是一个复杂系统，且处于不断发展中，只有准确把握其发展阶段及阶段转换规律，才能有效推动区域创新发展。现有对于区域创新系统发展阶段的研究，大部分只是定性地进行阶段的概念性划分，缺少对其阶段性产生的系统论基础的阐释；对于区域创新系统发展阶段识别的计量研究，往往指标体系设计的理论支撑不足，计量模型的构建也不够科学严谨；对于区域创新系统发展阶段转换机理的研究相对匮乏。因此，在理论追溯基础上对区域创新系统进行系统界定，探讨区域创新系统发展阶段的识别与转换，具有重要的理论与现实意义。

本研究在区域经济理论、创新经济理论与创新系统理论渊源基础上，把区域创新系统界定为：在一定区域范围内，为实现预定的创新发展目标，政府、企业、院所等主体，通过人才、资本、技术投入，推动制度、科技、管理等内容创新，不断创新产品、提升产业、优化环境而形成的创新主体相互转换、创新内容相互作用、创新投入相互支撑的系统。从区域创新系统的整体性、自组织性与动态平衡性角度探讨了区域创新系统发展阶段产生的系统理论基础，把区域创新系统发展阶段划分为起步、成长、成熟与衰退，并从区域创新主体、投入、内容与产出角度探讨了区域创新系统各发展阶段的主要特征。

在充分借鉴学者们前期研究的基础上，本研究从创新主体、创新投入、创新内容与创新产出四大维度，建立了包含16个三级指标、56个四级指标的区域创新系统发展阶段识别指标体系。在对比分析阶段识别的成熟度模型、模糊贴进度模型与判别分析模型优缺点之后，借助灰色关联分析对区域创新系统发展阶段进行预判，并结合判别分析对阶段预判结果的检验，建立集“阶段预判—检验”于一体的区域创新系统发展阶段识别“灰色关联预判—判别分析检验”计量模型。现状分析发现我国区域创新呈现出中心城市、东部地区的集聚态势，对我国除港澳台地区及西藏外的30个省级区域创新系统发展阶段进行识别得出：北京、上海、江苏、广东四大地区处于成熟阶段，天津、山东、浙江、辽宁等共14个地区处于成长阶段，江西、海南、吉林、内蒙古等12个地区处于起步阶段。同时实证分析检验表明区域创新系统发展阶段识别综合模型具有很高的可信度，并分析发现我国省级区域创新系统呈现出创新阶段与经济水平相匹配、创新要素内部发展不均衡、阶段划分标准指标不显著的特征。

最后，研究提出区域创新系统发展阶段转换机理及对策。结合区域经济发展经典理论与实践发展规律，从系统发展的内因与外因两大角度，提出区域创新系统发展阶段转换的四大机理：基于比较优势的专项突破转换，基于极化效应的集群生长转换，基于溢出效应的引进创新转换，基于协同效应的区域联合转换。从创新战略、制度环境、创新转化、主体合作、创新流动、区域联动等六个方面提出了促进区域创新系统发展阶段转换的六条对策建议。

本研究得到国家自然科学基金项目“区域创新的结构维度评价及路径设计研究”（71373199）和教育部人文社科基金青年基金项目“城市群内创新梯度差异与协同研究”（15YJC790108）的资助，为项目阶段性研究成果。

目　　录

第 *1* 章

研究背景

1912 年美籍奥地利经济学家熊彼特首次提出创新的概念，他认为创新是指把一种新的生产要素引入生产或改变生产要素的结合方式，它包括新产品、新工艺、新市场、新材料和新供应方式五种类型。并强调市场竞争中的成本降低、竞争加剧等变革，以及经济均衡和周期变化，都应主要归因于创新。之后，创新的重要性逐步凸显，成为推动世界经济社会变革的核心力量。

1.1 区域创新系统构建是创新型国家建设的重要支撑

改革开放的总设计师邓小平指出“科技是第一生产力”，以蒸汽机、电力、网络新能源为标志的三次产业革命深刻地改变着世界经济与社会的格局，而这些产业革命都是以巨大创新突破来推动的。随着信息科技革命的不断深化，创新推动的科技变革周期日益缩短，各国之间的科技竞争也变得愈发激烈。发达国家竭力通过国家创新战略维系其大国地位，美国自 19 世纪 40 年代以来依次推行曼哈顿原子弹工程、阿波罗登月计划、星球大战计划、信息高速公路计划、新能源计划等，使其稳居世界第一经济强国、科技强国、军事强国的霸主地位。目前以美国为首的日本、德国、芬兰、英国、法国、瑞典、韩国、新加坡等 20 多个国家已经进入创新型国家行列。同时以中国为首的新兴制造型国家，为了解决高消耗、高能耗、高污染等经济不可持续发展问题，纷纷实施以国家政府为推动的国家创新工程，加快科技崛起，实现创新驱动型经济发展，迈入创新型国家行列。

2003 年 4 月国家科技部召开“区域创新体系建设研究工作研讨会”，会议纪要指出：“着力提高区域创新能力，确立区域创新体系在国家创新体系中的支撑性地位”。区域创新系统作为国家创新系统的子系统，其发展质量的高低一定程度上决定了国家创新系统的发展质量，决定着国家创新系统在产业升级、经济发展和社会改革中的作用大小。自 1988 年我国第一个国家级高新区“北京中关村科技园”建立开始，到 2014 年初在全国 31 个省市区范围内已经建立了 114 家国家级高新区，同时还设立了 4 个国家自主创新示范区（含试验区）。随着国家科技发展政策的日趋完善，国家高新区建设日趋成熟，区域创新系统的创新引领作用逐渐凸显，已经成为我国国家创新系统的强有力支撑，成为创新型国家建设的重要推进引擎。

1.2 创新基础与发展水平的区域差距显著

就我国区域创新发展实践来看，各地区政治与文化差别不大，而创新基础与创新水平差距较大。《中国区域创新能力报告 2012》显示，上海、北京、天津、江苏、广东和浙江等地区已连续 5 年盘踞我国区域创新能力前六名，且已经进入创新驱动发展阶段，成为我国创新发展最好的地区，山东等 5 个省份处于从投资驱动向创新驱动转变阶段，河北等 13 个省（区、市）处于投资驱动阶段，还有山西等 6 个省区还未完成要素驱动向投资驱动的转变。就创新主体、创新投入与创新产出的具体指标来看，东部省市遥遥领先于其他地区，部分省市创新实力超越西部地区总和。

在国家级高新区建设方面，科学技术部火炬高技术产业开发中心统计数据显示，截至 2013 年底我国 114 家高新区中的 54 家位于东部地区，接近总量的一半；其中我国第一个国家级高新区——北京中关村科技园企业总数达到15 026家（2011年）占到全部国家级高新技术开发区企业总数的26.3%，是青海国家级高新技术开发区企业数的300多倍。2012年我国24 636家国家级高技术企业中的69.9%位于东部地区。《2013中国科技统计年鉴》数据显示，2012年全国有R&D活动的规模以上工业企业75.5%集中在东部地区，江苏以11 133家独占全国总数的23.6%。创新投入方面，2012全国67.0%的R&D经费内部支出、64.8%的R&D人员投入在东部。

在创新成果方面，《2013中国科技统计年鉴》数据显示，2012年东部地区专利受理总量占全国总量的71.3%，其中专利申请受理量最高的江苏达47.3万件（占全国总量的24.7%），比西部、中部、东北各区的专利申请受理量还要高。2012年东部地区新产品销售收入78 506.3亿元，占全国的71.0%，其中江苏以17 845.4亿元居全国首位，高于西部与东北15个省区的总量。东部地区新产品出口占全国的90.1%，其中广东新产品出口额比中西部及东北21个省市区新产品出口额总和还要高。在高技术产业规模上，东部十省市在企业数量、主营业务收入、利润、利税及出口方面均占全国的70%以上，其中江苏与广东各项指标分别占到东部地区总量的30%以上，远高于中部6省之和、西部12省市区之和与东北3省之和。

从系统发展角度来看，各地区间在创新基础与创新水平的发展差距正是区域创新系统不同发展阶段特征的表现，各地区在制定发展战略目标及具体实施对策中，必须遵循创新系统发展的阶段客观规律，紧密结合其创新基础与水平，才能把理论与实践相结合，做到有的放矢。

1.3 创新模式与路径选择的脱离阶段现实

随着以电子计算机及互联网为代表的信息产业革命的不断深入发

展，世界范围对创新的重要性有了更为深刻的认识，纷纷从理论与实践角度探索区域创新发展的规律与道路。作为全球科技创新中心的“硅谷”吸引着各国学者与政府的目光，对于“硅谷模式”的研究与模仿也从未停止，却没有一个能够通过完全复制“硅谷模式”取得成功。而中国台湾新竹工业园、韩国大德科学城、印度班加罗尔等少数在模仿中创新并走出了一条符合自身实际的特色化发展道路。硅谷的产生与成功是在特定的时代背景下，偶然因素与必然因素共同作用的结果。脱离时代背景与现实基础的考量，认识不到不同区域在创新发展不同阶段的需求差异，照搬现有的创新模式很难取得成功。

在国内方面，大到“创新型省份”建设，小到国家高新区建设与高技术产业布局，无不存在缺乏现实考量的对策制定。当前，除去创新基础较强的广东、江苏、浙江、山东、福建、湖南等明确提出建设“创新型省份”，吉林、新疆等相对落后地区也将“自主创新”作为区域发展重要目标之一。全国范围内的114家国家级高新技术开发区，仅泰州国家医药高新区、杨凌国家农业高新区、包头稀土高新区和通化医药高新区等少数高新区具有鲜明的产业特色，其余高新区无不是贪大求全的发展模式。在高新技术产业发展重点选择上，各地大都瞄准战略性新兴产业和先进制造业，电子信息产业遍地开花，产业雷同度高而协同度低，造成创新资源浪费的同时也阻碍了区域自主创新发展。区域创新发展必须立足区域经济、社会、文化、科技等现实基础，选择恰当的创新发展方向与对策，才能探索出符合自身特点的区域创新道路。山西省国家资源型经济转型综合配套改革试验区、黑龙江省现代农业综合配套改革试验区等国家特色化创新示范区的批复与建设，说明国家创新战略决策更注重区域资源优势的把握，探索更加符合各地区发展需求和阶段特征的区域创新道路。

总的来说，全球范围以科技创新为引领的产业变革深入发展，新一轮科技革命和产业革命正在孕育兴起，区域创新发展面临着难得的机遇和巨大挑战。我国正处于全面建设小康社会的关键时期和深化改革开放、加快转变经济发展方式的攻坚阶段。区域创新系统在调结构、转方式和加快建设创新型国家中承担着重要的历史使命。面对当前我国区域创新系统良莠不齐的发展现状，及脱离现实基础的创新战略与对策选择等问题，国家与各地区只有准确把握各区域的创新发展阶段，依据创新系统发展的客观规律，实施针对性的发展对策，才能保持区域创新系统的创新活力，推动国家创新系统发展水平，进而推动国家产业高端化发展，提高经济发展水平和发展质量。

随着地区经济和社会的不断发展，区域创新系统也处于持续动态变化中，并呈现出阶段特征。同时，区域创新系统是一个复杂的社会经济系统，其内部组成要素众多，且相互影响与作用关系错综复杂，对于系统整体阶段的影响作用各不相同，决定了区域创新系统阶段发展的复杂性。因此，准确把握我国省域区域创新系统发展阶段水平差异，发现各省域区域创新系统发展的长处、不足及关键因素，明确各省区域创新系统发展战略方向、制定针对性对策，对于促进我国各地区提升创新发展水平，实现产业结构转型和发展方式转变，支撑新型工业化发展道路和国家的科技崛起具有重要支撑作用。

第 2 章

区域创新系统结构与特征

1912 年，熊彼特提出了“创新”这一论述，指出“创新是一种生产函数的变动”，认为是创新产生了譬如降低成本、打破经济平衡、竞争激烈和经济周期等经济的变革。随后，关于创新的研究成为国际学术界研究的焦点之一，技术创新、组织创新、管理创新、制度创新等概念相继提出，创新联盟、创新网络、创新系统、创新体系的相关研究逐渐丰富，在国家创新系统研究基础上区域创新系统自 20 世纪末成为研究的热点与焦点。然而由于研究起步较晚，从国内外文献综述可以看出，目前区域创新系统的研究尚未形成广为接受的系统的理论体系，对区域创新系统概念界定及结构认知未形成系统共识。因此在对区域创新系统发展阶段展开研究前，有必要对区域创新系统的概念、结构及特征进行界定和阐述。

2.1 区域创新系统理论溯源与概念

区域创新系统是区域、创新与系统三者的结合，因此区域经济理论、创新经济理论与创新系统理论是区域创新系统理论形成与发展的理论源泉。从三大理论出发，探讨区域创新系统的理论渊源，能更加准确把握区域创新系统的概念。

2.1.1　区域创新系统理论溯源

区域创新系统涉及经济、社会、科技等多领域，经济学、系统学、创新学为其建立与发展提供了丰富的理论支撑。区域经济理论是区域创新的宏观发展范式，创新经济理论揭示了市场主体创新活动的动力及其范式，创新系统学揭示了创新在宏微观领域的形态特征及规律（见图 2 - 1）。

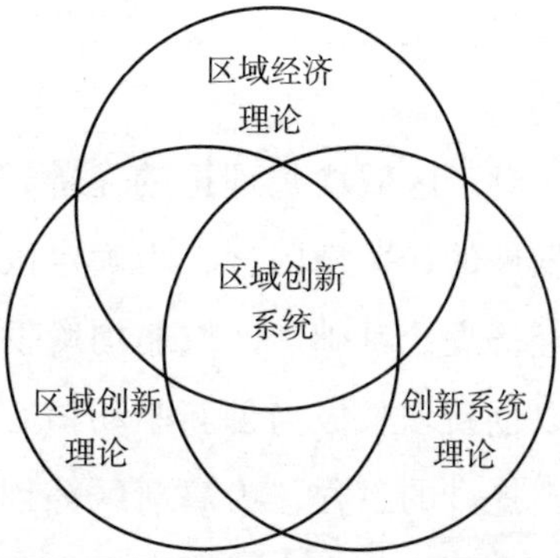

图 2 - 1　区域创新系统理论溯源

1. 区域经济理论

区域经济理论是揭示区域发展规律的理论体系，而区域发展的本质是不断创新生产要素种类与形式、生产要素流通与结合方式、企业关系、产业结构等。因此，区域创新系统是区域经济理论在创新领域的延伸。区域经济理论是区域创新投入、创新主体、空间特征的理论来源，相应的区域经济理论也被划分为三大部分：区域增长理论、现代区域发展理论、演化经济理论（见表 2 - 1）。

表 2 – 1　　区域创新系统与区域经济理论溯源关系

	理论类别	代表理论	代表人物	溯源点
区域增长理论	古典经济学	分工理论、区位理论、哈罗德—多马模型	托马斯、亚当·斯密、韦伯、哈罗德、多马	区域创新系统投入要素
	新古典经济学	索罗—米德模型、内生经济增长理论	索罗、罗默	
区域发展理论	非均衡发展论	增长极理论、梯度推移理论、核心—边缘理论	佩鲁、弗农、赫希曼	区域创新空间集聚解释
	新产业区论	产业区理论、新产业区理论	马歇尔、贝卡提尼	
演化经济理论	同一论	普遍达尔文主义	凡勃伦、霍奇森	区域创新演化过程解释
	反对同一论	新熊彼特主义	纳尔逊、温特	

经过新古典经济学对于区域增长理论的完善，人力、资本、技术被确立为影响区域经济发展的最关键因素，为确定区域创新系统的核心投入要素提供了坚实的经济理论基础。区域非均衡发展理论解释了区域创新系统的空间集聚，以创新增长极为创新驱动核心，通过梯度转移与辐射等完成区域全面创新提升的过程，为高新区等创新增长极实践提供了理论解释。演化经济中的同一论突出运用自组织和复杂系统理论解释区域发展问题，反同一论则强调制度的作用，两者很好地解释了区域创新系统演化的动力及过程。

2. 创新经济理论

创新经济学对于创新理论的丰富主要集中在创新主体行为的研究上，主要可以分为创新基础理论、创新行为模式及创新扩散三大方面，相应地诠释区域创新系统的主体创新内容、创新类型与创新效应。如表 2 – 2 所示。

表 2－2 区域创新系统与创新经济理论溯源关系

	理论类别	代表理论	代表人物	溯源点
创新基础理论	熊彼特创新论	熊彼特式创新内涵	熊彼特	区域创新系统内涵与创新内容
	新熊彼特创新论	技术创新经济学、制度创新经济学	曼斯菲尔德、诺思等	
创新行为模式理论	线性创新模式	技术推动模式、市场拉动模式、技术市场二元式、需求资源模式	熊彼特、施穆克勒、莫里厄等、斋腾优	区域创新系统主体关系与运行模式
	非线性创新模式	集成创新、协同创新、开放创新、网络创新	伊恩斯蒂、哈肯、切萨布鲁夫、克莱因	
创新扩散理论	传播论	S 型扩散模型	罗杰斯	区域创新系统扩散发展
	学习论	模仿扩散模式	曼斯菲尔德	
	替代论	时间替代模式	费歇尔	

20 世纪初熊彼特首次提出了“创新”这一论述，指出“创新是一种生产函数的变动”，并将创新归纳为新产品、新技术、新市场、新来源、新组织五大方面，创立了熊彼特式创新理论，开启了创新理论研究的大门。

随后熊彼特式创新理论向技术创新与制度创新两大分支展开，并逐渐融合成新熊彼特创新理论，因此技术创新与制度创新是区域创新系统的两大创新内容。线性创新模式以技术与市场为出发点论述了创新的线性过程，在此基础上考虑创新反馈形成的循环网络，便发展为非线性创新模式，同时非线性创新模式更侧重于创新主体间的创新合作与集成的研究，是区域创新系统要素关系的理论阐释。技术扩散效应是创新无法回避的问题，创新扩散理论解释了不同区域间通过创新作用组成更高层次创新系统的理论过程。

3. 创新系统理论

从系统论中对于系统整体与子系统的多层次性角度进行分类，创新系统从微观到宏观可分为企业创新系统、产业创新系统与国家创新系统。这也解释了区域创新系统创新内容及产出应该分为从微观到宏观的三个层次。其中国家创新系统被认为是区域创新系统最直接的来源，区域创新系统是国家创新系统在区域层次的延伸和支撑，如表2－3所示。

表2－3　区域创新系统与创新系统理论溯源关系

	理论类别	代表理论	代表人物	溯源点
企业创新系统理论	微观创新系统论	产品创新理论、管理创新理论	布兹汉密尔顿斯泰塔	区域创新系统微观创新内容与产出解释
产出创新系统理论	中观创新系统论	产业创新系统理论、环境创新系统理论	道格森等 GREMI	区域创新系统中观产出解释
国家创新系统理论	宏观创新系统论	国家科技创新系统论、国家制度创新系统论	弗里曼等 纳尔逊等 OECD	区域创新系统宏观意义解释

创新理论的诞生源于企业的市场竞争活动，企业通过技术创新、产品创新和管理创新，赢得超额利润，降低经营成本，从而提升企业市场竞争力，这便是区域创新系统的微观层面产出。企业创新活动在价值链或集群内部的延伸形成产业创新系统，引发产业结构变动，成为区域创新系统中观层面产出。而国家创新系统从宏观制度干预层面阐释了创新的宏观层面作用，对区域创新系统创新内容与产出具有全面的理论支撑。

2.1.2　区域创新系统概念界定

英国学者库克（Cooke，1992）在弗里曼（Freeman，1987）的国家创新系统（national innovation system，NIS）基础上，提出区域创新系统（regional innovation system，RIS）的概念。在我国，区域创新系统也被称为区域创新体系或区域创新网络。20世纪90年代后，尤其是21世纪，国内外学者对于区域创新系统展开大量研究，尽管相关理论发展很快，但由于研究起步晚，学者们从不同角度开展相对独立研究，对相关基本概念仍未达成理论共识。

经过早期实证研究库克（1998）在《区域创新系统：全球化背景下区域政府管理的作用》一书中，指出区域创新系统是由空间上较近的企业、科研院所和高等院校等通过相互分工与关联而形成的支持并产出创新的区域性组织体系；挪威学者阿斯莱森（Aslesen，1996）认为区域创新系统是由生产机构、教育机构、研发机构、政府机构与市场服务机构构成的创新网络系统；摩根（Morgan，1997）认为完整的区域创新系统概念应该指在一定空间区域范围内的创新功能（组织和空间）结构，它由（生产企业、研究与开发机构、高等院校、地方政府和服务机构等）众多创新主体组成，主体间、主体与环境间相互作用产生创新，且持续发展变化，并对区域经济社会发展产生较大影响；拉姆布伊（Lambooy，2004）认为区域创新系统是一定区域的生产者组成的创新合作互动动态结构，其目的在于提高区域经济主体效率。

在区域创新系统概念方面，我国学者进行的大量相关研究主要可以归纳为两个视角：一是从系统内部组成及其网络结构的视角出发，主要有冯之浚（1999）、胡志坚、黄鲁成（2000）、罗守贵和甄峰（2000）、潘德均（2001）、周亚庆和张方华（2001）、刘曙光和田丽琴（2001）、邹再进（2006）等，他们认为区域创新系统是在一定区域内，相互关联的创新主体组成的技术或知识创新网络或创新系统；二是从系统创新对区域经济社会等全面影响的视角出发，主要有顾新（2001）、吴慈生和赵曙明（2005）、任胜刚和关涛（2006）等，学者们认为区域创新系统是指能够提高区域资源配置效率、提高区域创新能力、增强区域竞争力、支撑创新型国家建设的国家创新系统子系统。

由于研究视角的不同，学者们对于区域创新系统的阐释也存在很大的差异，仍未形成广为接受的一般定义。但通过对学者们的观点进行归纳总结便能够得出：区域创新系统具有一定区域范围限定，即区域创新系统是在一定的空间范围内发生的创新活动的总和；创新是系统的目标，区域创新系统是不断创造、转让、扩散新知识和新技术，进而推动区域创新发展的系统；系统由创新主体及主体间创新活动关联构成，区域创新系统由众多的创新主体构成，创新主体之间在创新内容上进行合作，创新投入与主体、创新主体与产出等子系统相互作用形成区域创新系统；系统与环境发生相互作用，区域创新系统是根植于一定区域的开放系统，在不断从区域中获取创新投入的同时，也不断通过创新产出影响其所在区域的社会经济环境，并通过技术扩散等作用于更广阔区域。

结合对区域创新系统理论溯源的阐释及学者们的研究，能够更加明确区域创新系统子系统包含的内容：企业、院所（包含科研机构与高等院所）与政府是区域创新系统主体；人才、资本与技术是区域创新系统的创新投入；科技创新、管理创新、制度创新是区域创新主体的创新内容；产品、产业、环境是区域创新系统产出的三个层次。

基于此，本研究延续胡树华（2010）等对于区域创新系统的界定：区域创新系统是指在一定区域范围内，为实现预定的创新发展目标，政府、企业、院所等主体，通过人才、资本、技术投入，推动制度、科技、管理等内容创新，不断创新产品、提升产业、优化环境而形成的创新主体相互转换、创新内容相互作用、创新投入相互支撑的系统，如图 2－2 所示。

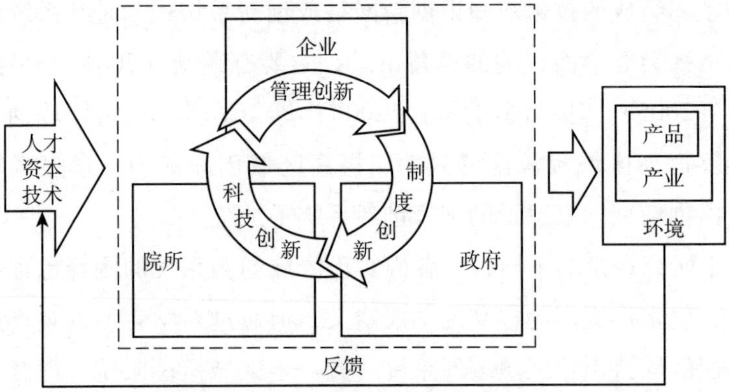

图 2－2　区域创新系统逻辑模型

2.2

区域创新系统结构

与一般社会经济系统相似，区域创新系统是一个复杂的系统，为了使研究更容易进行，一般把其内部结构看作黑箱，并不予以揭示。学者们对于区域创新系统的探讨总体来看集中在区域创新主体及要素，以及相关子系统的界定与关系方面。

从构成主体及要素角度研究，借鉴弗里曼（1991）对国家创新系统网络结构的研究，OECD（1997）、陈（Chen，2007）、卡尼尔斯（Caniels，2011）、考万（Cowan，2013）等的研究中强调企业、大学、科研机构与政府是区域创新的核心主体；里维拉（Revilla，2009）把企业这一创新主体分为生产企业与服务企业，据此提出区域创新六主体论。从子系统角度研究，奥蒂欧（Autio，1998）建立了知识应用和开发子系统、知识产生和扩散子系统的区域创新系统“二系统模型”；帕德默（Padmore，1998）构建了基于产业集群视角的环境（groundings）、企业（enterprises）和市场（markets）三要素组成的区域创新系统 GEM 模型；埃丁顿（Edgington，1999）建立了日本中京（名古屋及周边）区域创新系统四部门（核心企业、分包商、各级政府、商会团体）模型；安德森（Andersson，2002）提出了另一种以集群为中心的区域创新系统结构模型；拉多赛维克（Radosevic，2002）在对中东欧区域创新系统研究基础上提出了国家层、行业层、区域层和微观层的四层次区域创新系统要素模型；多勒里克斯（Doloreux，2003）认为区域创新系统包含创新主体网络与创新支持政府两大部分；库尔曼（Kuhlmann，2004）提出了基于制度学的四维（政治、教育与研究、产业、创新环境）区域创新系统；特里普（Trippl，2007）构建了由知识创造、知识应用、创新政策、知识流动和经济制度五个核心子系统构成的区域创新系统模型。

国内学者的研究多把系统要素归类到各子系统下。胡志坚等

（1999）把区域创新系统的14个要素归为主体要素、功能要素和环境要素三大类；张敦富等（2000）认为区域创新系统包括的四大子系统依次为创新机构子系统、创新资源子系统、中介服务子系统和管理子系统；周亚庆与张方华（2001）提出区域技术创新系统包括五大子系统，即科技子系统、资本子系统、教育子系统、政府子系统和文化子系统；龚荒与聂锐（2002）认为区域创新系统包括创新主体与创新支撑两个层次共六个子系统；刘斌（2003）认为区域创新系统的构成包括创新行为主体、创新运行机制、创新环境与系统交互；张网成与刘畅（2008）深入研究了经济主体（企业）、政治主体（政府及其服务机构）、知识主体（高等教育及研究机构）间存在的学习效应与集群效应等结构特征；胡树华等（2010）提出区域创新系统的创新主体、投入、内容与产出四大模块共12个要素构成的“四三结构”模型，并深入探讨要素相互关系及运行机理。

2.2.1 区域创新系统构成要素

通过上述定义以及图2－3可以看出，区域创新系统逻辑模型囊括四个部分——创新投入、创新主体、创新内容以及创新产出，其中每一部分均有三个要素组成，共有十二大要素。

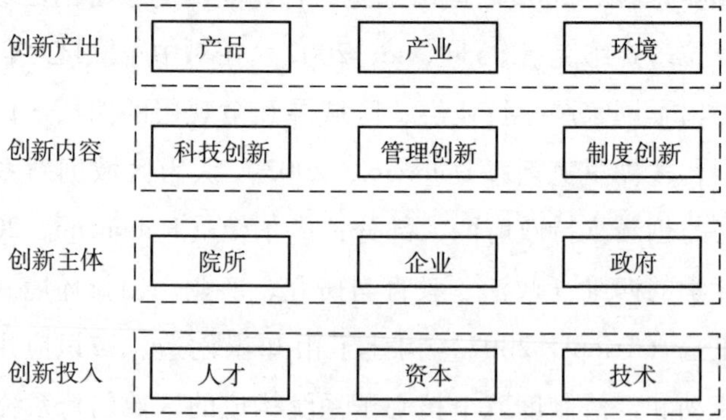

图2－3 区域创新系统要素构成

1. 区域创新主体

鉴于学术背景和研究侧重的不同，当前学术界对区域创新主体构成要素的研究尚未明确一致，主要的学术观点分别是“三要素说”“四要素说”和“五要素说”等。在广为接受的“三螺旋”结构基础上，本研究认为区域创新主体是由院所、企业和政府三个要素组成的，中介机构等其他市场主体并不是创新活动的主体，而只是对区域创新产生较大影响的环境因素的一部分。

（1）院所

院所是指各种形式的高等院校和科研机构。其中科研机构指的是专门进行科研与开发的单位，根据设立来源主要有企业科研机构、高校科研机构、政府科研机构以及独立设置的其他科研机构，根据是否具有法人资格可以将科研机构划分为独立科研机构与非独立科研机构。在现代管理理念和市场经济体制不断完善的过程中，科研机构逐渐向企业化、法人化、专业化以及独立化发展。高等院校是区域创新系统的重要组成因素，不仅承担着部分技术创新任务，也是创新人才的最主要供给对象。在技术创新方面，高校主要以基础科学探索为主，在此基础之上开展知识创新。

（2）企业

企业是区域创新系统中最活跃的创新主体，根据经济学中“企业以营利为经营目的”这一论断，可以看出企业的创新动力在于追逐更高的市场利润。创新利益分配、研究开发和创新投资是技术创新主体的关键所在，企业经营机制、激励机制、用人机制以及市场开拓的创新是管理机制创新的直观体现。

（3）政府

政府是指在一定区域内进行各项行政管理及公共服务的机构，其主要职责包括执掌公共权力、制定宏观经济政策和法律法规、调节市场失灵等。政府是中央政府、地方政府以及各类行政机构的统称。在本研究中政府是某一区域中特定的地方政府及其组成机构，是该区域内经济发展、产业政策等的规划者，区域创新活动规则的制定者与维护者，较大程度上影响了区域创新系统的构建及运行。

2. 区域创新投入

区域创新投入即创新所需的资源投入，根据经济学对于社会生产资源的研究，除去传统的土地因素外，技术被看作是与人才及资本同样重要的生产资料，对创新的重要性更是不言而喻。

（1）人才

人是所有经济活动的能动主体，是社会的最主要组成部分，是市场中生产与消费的驱动者。劳动力是所有生产活动的必要投入，掌握高技术的创新型人才是区域创新活动的最主要参与者。人才广泛分布于企业、政府、院所三大创新主体中，是科技知识的载体。人才是政府服务与管理的提供者，创新型人才有利于促进政府通过各种制度创新提高服务效率；创新型人才能够通过管理创新提高企业对市场的反应敏捷度，从而为企业带来更高利润；创新型人才更有利于加快科技创新成果产出效率，提升科技创新质量。教育培养、人才培训和人才引进是获取高层次创新型人才，是保障区域创新人才投入的重要手段。

（2）资本

资本是市场经济活动中最活跃的要素，也是区域创新投入中集风险性、流动性与活跃性于一身的投入要素。资本的流动往往伴随着人才与技术的流动，因而对于任何一个区域，资本往往是影响经济发展战略目标能否实现的最重要因素。资本是支持区域创新系统运行的决定性因素，是人才引进和培养、技术引进与研发等所有创新活动的能量源泉。政府创新专项投入、企业与科研机构自主投入、金融机构贷款和其他外部投资是区域创新资本的四大主要来源，同时资本也能够以前期购置设备的形式影响后期生产活动。

(3) 技术

技术是关于某一领域有效科学（理论和研究方法）的全部，以及在该领域为实现公共或个体目标而解决设计问题规则的全部。在经济发展的过程中，技术的产生、应用、转移及扩散直接决定了区域创新系统的发展方向，因此技术是区域创新的最根本要素。同时技术也是最无形的投入，科研论文、尖端装备、现代生产方法、人才专业知识、现代管理理念与方法、先进与完善的政府制度等都是技术的表现形式，其中以专利作为科技的最显著代表。

3. 区域创新内容

区域创新内容是区域创新的中间产出，是形成最终产出的过渡形态，也可以被用作衡量区域创新能力或效率的重要参考指标。在经济活动中首先被认识到的是最容易被衡量和对比的科技创新；其次是在对比全球范围内经济巨大发展差异研究中认识到的制度差异及制度创新；最后，德鲁克将创新引入管理学范畴，出现了管理创新。最终形成了由微观到宏观的科技创新、管理创新与制度创新三种创新内容。

(1) 科技创新

由于在区域创新系统的研究中，科技创新相比技术创新而言概括的内容更为广泛，更能形象地描述科技人员的工作内容，所以本研究用科技创新代替了技术创新。科技创新指的是为了研发科技并运用科技去创新的系统性创造活动，它包括工程技术领域的创新，还包括人文社科领域的相关创新。其产出形式不仅包括最普遍的专利，同时还包括科学论文、专著、原理性模型等多种形式，比技术包含的内容更加丰富和全面。

(2) 管理创新

管理是指为了实现组织目标，而对组织资源实施的计划、组织、指挥、协调与控制活动。组织资源配置是否有效是企业运营成败的关键所在，资源优化配置是企业管理的核心目的。管理创新指的是在管理思想、方法或手段等方面进行改进革新，将新理念灌输到组织的管理活动中，目的是更为合理地配置管理资源，实现组织既定目标。管理的发展依赖于管理实践的成果，现有大多的管理理论或方法往往是对人类管理创新成果的凝练。

（3）制度创新

广义的制度是指组织以正式文件形式存在的各种相关规章条例的总称，其目的在于规范人员的各项活动，协调各方关系，维持组织的正常运行。狭义的制度专指影响区域经济活动的各项政府文件总和。本研究把制度创新限定为各级政府制定与实施的法律、法规、规划、政策等宏观规章。制度对于创新来讲，既有积极的一面也有消极的一面，合理的制度是能够促进市场的创新活动，保障创新主体的合理收益，而固化的制度往往成为社会发展的障碍。因而制度创新是区域创新活动的保障。

4. 区域创新产出

从微观到宏观逐层次扩展，可以将区域创新产出分为产品、产业与环境三个层次。其中，产品是区域竞争核心，是区域经济的最基本构成；产业是区域经济的载体，产业竞争力是区域竞争力的宏观表现；环境是区域经济发展水平的综合表现，是区域创新的最宏观效应。

（1）产品

产品是企业的产物，可以通过市场交换实现经济价值，在区域竞争过程中，无论是区域、产业或者企业的竞争归根结底都是产品竞争。在区域创新产出中出现的产品是创新的成果，在区域创新管理中，对产品开展的各项创新活动均可称为产品创新。产品创新既是老产品的更新换代，又是新产品的研究开发；从宏观角度看，可以将产品创新归纳为产品构思、设计、生产和营销的全过程。

（2）产业

产业是指由利益相互联系的、具有不同分工的、由各个相关行业所组成的业态总称。在区域创新系统中，产业是创新的载体，既是区域发展的创新成果，又被区域创新主体的创新活动所影响，所以产业可以作为创新系统的产出。作为创新产出的产业，是由新产品的研发、生产及销售等形成的新产业，对于区域而言，主要表现为产业结构的优化升级。最显著的代表即为高技术产业和现代服务业等高端产业的规模与比重的增加，以及传统农业、工业以及服务业的现代化改造与升级。

（3）环境

区域创新系统环境是由区域外环境和区域内环境组成的，本研究所指的环境是区域内部环境。这里的内部环境指的是对区域创新系统的效率起到决定性作用的硬件环境和软性环境。硬件环境顾名思义就是基础设施，它既是居民生存和经济发展的必要物质基础，又是当代经济发展水平的重要评价条件。软性环境既包括政府的政策环境状况，也包括区域内的产业结构、人才结构、经济发展水平、中介服务体系、金融及信息服务、创新联盟、创新意识等创新发展能够改变的区域环境，同时又能够反作用于区域创新的要素集合。

2.2.2　区域创新系统要素关联

区域创新系统包含创新主体、创新投入、创新内容与创新产出四个维度共 12 个要素。要素间相互影响、关系错综复杂，共同构成了区域创新型系统的复杂性。在以往大量的理论与实证研究中我们发现，这些错综复杂的关系也有章可循，有主次之分。为了便于梳理这些要素关系，可以将其分为四大维度，各维度内部要素间的关系以及四大维度各维度间的关系，分别称为横向关系与纵向关系。

1. 要素横向关系

横向关系是指区域创新系统的创新投入、创新主体、创新内容与创新产出四大维度各自内部要素间的关系，见图 2 - 4。通过归纳总结，把握主要关系，可以将其归纳为：创新投入互补转换、创新主体协作互动、创新内容相互支撑和创新产出层次拓展。

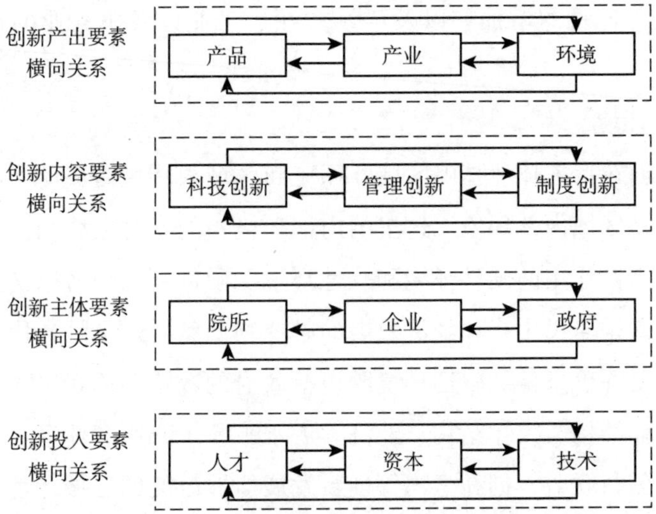

图 2 - 4　区域创新系统要素横向关系

（1）创新投入互补转换

依据索洛（Solow）等提出的 CES 生产函数（constant elasticity substitution），可以把区域创新投入与产出的函数关系表示为：

$$Y = A_t(\delta_1 K^{-\rho} + \delta_2 L^{-\rho})^{-\nu/\rho} \tag{2-1}$$

式中：Y 为区域创新产出（产品、产业、环境的综合度量）；A_t 表示技术水平进步指数；K 与 L 分别代表资本与人才投入；δ_1，δ_2 为资本与人才投入的权重（δ_1，$\delta_2 \geqslant 0$），且满足 $\delta_1 + \delta_2 = 1$；ρ 为替代系数，且 $\rho \geqslant -1$；ν 为规模报酬，当 $\nu = 1$ 时规模报酬不变，$\nu > 1$ 则规模报酬递增，$\nu < 1$ 则规模报酬递减。对公式（2 - 1）取对数，得：

$$\ln Y = \ln A_t + \nu(\delta_1 \ln k + \delta_2 \ln L) - \frac{1}{2}\nu\rho\delta_1\delta_2(\ln k - \ln L)^2 \tag{2-2}$$

引用这一公式，对创新产出与人才、资本、技术等进行多元线性回归分析。可以看出，人才、资本与技术在一定程度上能够相互替代、相互转换。资本的高速运作和人才的汇集，有助于提高区域金融市场的活跃度；技术创新及创业人才的数量增长，能促进风险资本向活力区域聚集；区域资本的累积可以吸引到更多的创新人才；充裕的资本可以满足对外购买技术的需求，有利于引进新技术；技术创新成果通过技术交易市场转化为资本。从某种程度上看，人才是区域技术创新最活跃的载体，区域的科技水平直接影响到人才的聚集与流失。

（2）创新主体协作互动

"三螺旋理论"在很大程度上揭示了区域创新过程中政府、企业、院所三大创新主体的动态协作过程。

政府、企业与院所在创新上各有侧重，政府打造创新制度，企业通过管理创新推动技术成果的经济转化，院所是科技创新的核心执行者。创新是一项系统工程，技术创新由科研院所走向市场并取得成功，离不开企业的管理和政府的制度作为支撑。三大主体的协作互动能力将直接影响区域创新的技术转化效率及产业化转化效率，官产学研被认为是区域创新中政府、企业、高校与科研机构进行合作创新的最典型形式。官产学研互动平台，推动不同创新主体的资源整合，进而提高产业创新能力及产业化转化能力，最终将实现各创新主体的经济效益价值最大化，实现多方共赢。

（3）创新内容相互支撑

制度创新是政府在宏观管理层面的创新，管理创新是企业等市场组织在微观管理层面的创新，科技创新即为多种形式的技术创新成果。

制度创新将释放市场活力，促进要素及产品的市场流动，管理创新促进主体内创新资源的优化配置，科技创新是产品创新的根本支撑。而从科技创新到经济效益之间存在巨大的风险鸿沟，需要管理创新推动技术创新成果顺利转化为产品，更需要制度创新为创新产品的市场交易提供支持。管理创新的实施也需要先进技术作为支撑，需要符合制度规范要求。制度创新也需要现代管理理念与科技创新成果的支撑。

(4) 创新产出逐层次拓展

一切市场竞争活动的本质是有形或无形产品的竞争，产品是企业竞争、产业竞争、区域竞争的载体。从产品的角度出发，企业是生产一种或多种产品的市场主体；产业是生产相似产品或替代产品的企业集合；区域环境是这些生产不同产品的产业集合。因此在区域创新系统三大产出中也存在类似的逐层次扩展关系，以企业推向市场的新产品为基础，具有相似功能的新产品便构成了新产业，区域内新产业的不断积聚最终产生新的区域环境（见图2－5）。

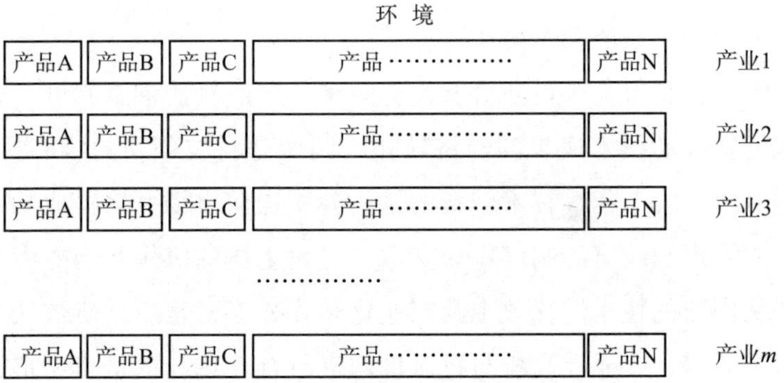

图2－5　区域创新产出三要素“点线面”关系示意图

2. 要素纵向关系

纵向关系是指区域创新系统的创新投入、创新主体、创新内容与创新产出四大维度间的关系，主要表现为各维度相互影响的关系，见图2－6。通过归纳总结，把握主要关系，区域创新系统四大维度间的6种关系可以概括为：创新投入的主体分配、创新主体的内容对应、创新内容的产出转换三大相邻直接关系，及创新投入与创新产出等3条间接关系。

(1) 创新投入的主体分配

三大创新主体对创新人才均具有需求，其中以企业与院所的需求最大，且人才在各创新主体间流动是市场普遍行为；从资金提供者的角度，不同时期三大主体的资金投入比例不同；从资金使用者角度，企业始终是创新资本的最主要使用者，其次为院所，最后为政府；院所需要引入外部科学技术设备与成果以改善创新条件与基础，企业需要不断引进先进技术以提高产品的市场竞争力，不断引进先进管理思想推动组织变革以应对市场变化及满足组织发展需要，政府也需要引进现代化的办公工具和现代管理方式以提高行政管理能力。

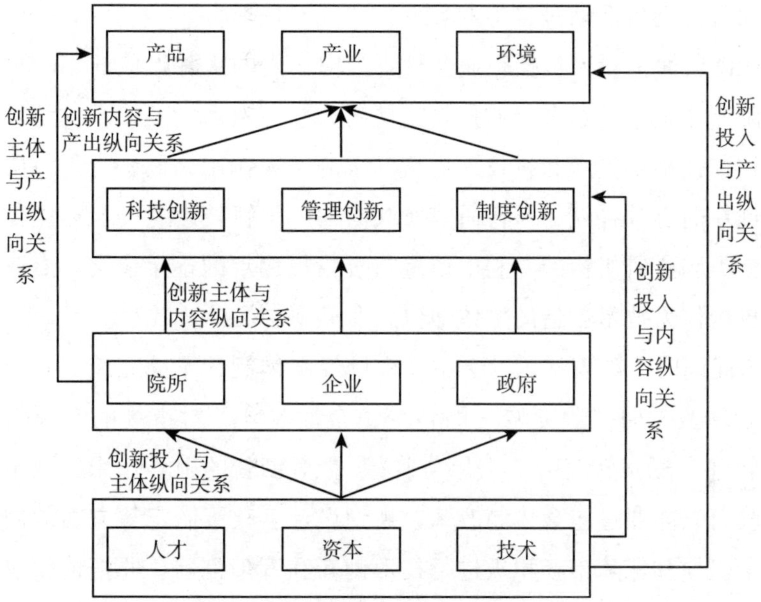

图 2-6　区域创新系统要素纵向关系

（2）创新主体的内容对应

创新作为一项复杂的系统工程，需要科技创新、制度创新和管理创新等多个方面协同实现，因此同一个创新主体可能同时开展多项创新活动，即企业、政府以及院所中的任何一方都有可能开展创新内容的任何一项，并且在不同发展阶段，特定的主体可能会重点突出某一方面的内容。然而根据创新主体的创新动机来判断各主体的核心创新内容分别为：科技创新的实施主体是院所，管理创新的实施主体是企业，制度创新的实施主体是政府。

经济学中认为企业承担的社会功能是向社会提供“物美价廉”的产品，现代管理学之父德鲁克指出由于企业的目的在于创造客户，市场营销和创新是企业有且仅有的两项基本功能，这便促使企业重视管理创新，通过提高管理水平，来发现市场的科技创新需求，进而寻求成本最低的可行方案来满足市场需求，实现高额利润，这种可行方案可能是技术购买、技术租赁或者是自主研发。可见企业的科技创新活动是被迫的，而管理创新活动是自主的。

从此层面上看，包括企业办科研机构在内的多种形成的相对独立的科研院所才是真正意义上的科技创新研究与开发活动的执行主体。由于高校在科技基础创新和科技人才培养中的巨大作用，被认为是科研院所科技创新的有效补充，与科研院所共同构成了科技创新的执行主体。随着职务类和科研机构的专利申请量与授权量比重的逐年递增，专业化的科研机构作为技术创新的主体地位愈发显现。

与此同时，随着我国社会主义市场经济体制的不断完善，我国政府从“管理型”向“服务型”的转变正全面展开，对市场的干预手段也由“管理”逐步转变为“引导与监督”，对创新的引导作用也在不断强化。政府只能通过包含体制改革、规划设计、政策制定等方面的制度创新，来引导和保障市场积极进行技术创新和管理创新，并把创新成果转化为经济效益。

（3）创新内容的产出转换

新产品的生产往往都需要对原有生产流程等进行相关改进，因此产品创新的顺利推进既需要科技创新突破带来新的生产技术，也需要管理创新进行市场调研、推广等支持，同时也无法缺少制度创新层次对新产品的市场许可与知识产权保护。产业创新是同一生产部门新产品的累积，主要包括新兴产业和传统产业的新形态，具体表现为高技术产业及现代服务业。而无论是新兴产业还是产业新业态都是科技创新成果产业化及推广的产物，也需要管理创新与制度创新对产业发展的支撑。环境既包括经济环境又包括社会环境，经济环境改善有赖于新产业的发展，社会环境改善则更多依赖创新文化的积淀，因此新环境的形成同样需要三大创新内容的共同支撑。

同时，科技创新、管理创新与制度创新对产品、产业与环境等最终创新产出的影响，整体表现为区域创新中的技术经济转化效率问题。由于技术创新成果最终要通过经济效益来表现，学者们常把以科技创新成果为核心的创新内容作为创新投入到最终经济产出的中间环节，并且将经济转化效率与技术转化效率一起作为衡量区域创新系统创新效率高低的两个重要阶段效率值。

（4）间接纵向关系

区域创新系统中的创新主体与创新产出关系是创新主体与创新内容间的对应关系，和创新内容与创新产出间的交织关系作用形成的，既表现出一定的对应关系，又表现出一定的交织作用；与之类似，创新投入与创新内容关系是创新投入与主体、创新主体与内容两对关系叠加的结果，直观地以技术转化效率为表现形式，同创新内容与产出间的经济转化效率构成了区域创新的两个转化阶段的重要评价指标。

鉴于系统内部结构的复杂性，学者们通常把区域创新系统的投入产出转化过程看作黑箱，并以创新产出与创新投入间的比值高低，即区域创新系统创新效率的高低作为研究两者关系的最重要表征，以创新内容为创新中间产品，又可以将整个创新转化过程划分为从创新投入到创新内容的技术转化过程，和创新内容到创新产出的经济转化过程，两个阶段分别以技术转化效率与经济转化效率作为衡量其关系的表征量。

2.3 区域创新系统特征

首先，区域创新系统必然具备一般系统所具有的整体性、目的性、功能性、层次性、动态性、自组织性等特征。其次，区域创新系统作为一定区域的创新系统，还具有根植性、开放性、动态平衡性等特征。

2.3.1 根植性

区域创新系统的根植性表现在系统发展必须以所处区域为基础，同时又必须以促进区域发展为最终目标。区域创新系统是一定区域内创新主体组成的网络，创新主体只有嵌入区域的社会关系系统中，才可能规避市场交易中的信息不对称损失，而由市场主体间的经济交易行为交织而成的区域文化与制度环境为创新主体经济活动的开展提供了保障。同时，创新是区域经济不可割裂的重要组成部分，对本地经济发展无任何促进作用的创新，称不上真正的区域创新，只有推动创新成果的本地化，并有效增强了区域整体竞争力，才能称得上真正的区域创新系统。

区域创新系统受区域经济系统、区域社会系统、区域政治系统等区域内相关系统的影响，其发展有赖于区域内相关系统的支撑。没有完善的产业体系作为支撑，区域创新成果难以产业化推广；缺少创新氛围，区域创新更无从谈起；没有知识产权等创新法律保障，缺少财税及人才保障，创新积极性难以调动。因此，区域创新系统的持续发展需要创新根植环境相应发展的支撑。这就决定了区域创新系统的发展不是系统孤立地自主发展，而是在促进区域经济、社会、政治等系统全面进步的过程中的共同发展。

同时，区域创新系统的根植性特征还表现在，创新主体及主体关系的本地根植性，有利于区域内长期合作关系的形成与强化，创新主体间稳定的合作关系网络，为企业等创新主体的创新及市场经营提供了稳定的信息交流平台和协作生产能力，增强了企业适应市场变化和抵御市场风险的能力，创新主体更加倾向于延续在本区域的创新活动，保证了区域创新系统的相对稳定性。

2.3.2 开放性

从事物普遍联系的辩证唯物主义观点出发，世界上任何地区和事物都不可能孤立地存在，事物间相互作用持续发展。从系统论的角度出发，开放是系统稳定与发展的客观要求，在没有外部干预下系统自身熵将不断增大，系统将逐步趋向无序，系统只有在与外界进行物质与能量交换中产生足够大的负熵值来抵消持续增大的系统熵，才能维持系统的稳定及系统功能的增强。因此，区域创新系统也必须与外界环境进行物质与能量交换，通过不断地创新投入与产出实现系统熵的平衡，使系统内部更加有序，系统创新功能持续增强。

从宏观层面来看，全球化是世界发展的主题与长期趋势，航海大时代带来的全球地理大发现，使得人类第一次建立起了全球联系，至此任何区域都不再孤立地存在与发展；信息技术革命更加深了全球化，全球范围内组织生产与交易正迅速发展，世界贸易组织、国际货币基金组织、世界银行、亚太经合组织等全球性及区域性合作组织被世界各国各地区趋之若鹜。与世界经济强化联系的趋势类似，区域创新系统的发展不仅依赖于区域内资源在创新系统内外流动，更依赖于区域间与全球性的联系与沟通。即便是从技术垄断与知识产权保护出发，绝对封闭与故步自封都不可能长久发展。

从微观层面来看，创新作为信息流本身具有很强的流动性、可复制性与变异性。人才、资本、信息都可以是创新流动的载体，创新产出在流动中并非能保持一成不变，而是被不断地复制、转移、再加工，形成新的形态。创新的这种流动性使得区域创新系统无法实现封闭，而必须是开放的系统，创新的变异性也要求系统发展必须时刻关注世界创新发展趋势的变化。

2.3.3 动态平衡性

区域创新系统动态性表现在持续的系统涨落，系统在与外界进行物质、能量与信息交换中逐渐远离原平衡态，当这种远离达到一定阈值，系统非稳定突破临界状态跃迁到新的平衡态。区域创新系统的平衡性表现在系统一定时期内平衡态的打破需要相当时期的系统涨落叠加，因此系统发展呈现出一定的规律性及阶段特征。

为了维持正常新陈代谢，区域系统不断与环境进行物质与能量交换，随着环境的变化而发生着变化。一方面，区域创新系统的动态性特征体现在系统内部主体数量的变化上。创新主体的市场竞争与创新要素的市场配置是区域创新系统建立的基础，在市场经济条件下，分工协作、要素流动、成长衰退均是实时发生而不可避免的，创新主体的不断成立、兼并重组与破产消亡，外部主体的迁入迁出改变着主体数量；另一方面，区域创新系统的动态性体现在系统内创新主体关联关系的变化上。创新主体实力的此消彼长不断改变着创新资源的市场竞争，创新主体合作关系的建立与解除也改变着资源配置与结合方式。

区域创新系统是动态发展的，但在系统发展的某一阶段，系统各项参数将处于一定的范围之内，并不断涨跌演进，这种一定范围内的变化只是量的变化，并不会引起质变，因此系统处于一种相对平衡状态。区域创新系统的稳定性不是某一时点上绝对平衡，而是建立在一个动态发展基础上的长期稳定。根据系统突变论，区域创新系统所处的状态可用一组参数描述，参数的变动不超过一定极值范围时，系统处于稳定状态；而当系统参数变化突破某一特定极值范围，系统参数的量变引发质变，系统原平衡态被打破，进入不稳定状态；系统参数极值在系统动态持续变化下逐步加强，并固定在特定范围内，即系统再次进入稳定状态，这种稳定是有别于原平衡态的新平衡。

稳定与非稳定态的交替表现为区域创新系统处于动态平衡中，正是这种动态平衡使得区域创新系统不断发展并呈现阶段性。

第 3 章

区域创新系统发展阶段识别基础

区域创新系统是一个复杂系统，由创新主体、创新投入、创新内容与创新产出四大维度构成，系统内部要素间存在复杂的横向关联关系与纵向关联关系。区域创新系统是根植于当地的开放系统，系统处于不断发展变化的动态平衡中，这种动态中的平衡表现为系统在发展中呈现出显著的阶段特征。识别区域创新系统发展阶段具有深刻的现实需求和一定的操作难点，这是系统研究区域创新系统发展阶段识别的原因所在。把握区域创新系统发展规律，探讨系统发展各阶段特征，是准确实施区域创新系统发展阶段识别的基础。

3.1 区域创新系统发展阶段识别的现实需求

区域创新系统是根植于一定区域的创新系统，系统的发展壮大即需要区域经济、社会、政治等系统的支撑，也是区域发展的重要推动力量与组成部分。系统的自组织性决定了区域创新系统在根植于本地区并与环境的不断交互作用中，处于不断变化的动态平衡中，呈现出显著的阶段化特征。准确识别区域创新系统发展阶段是全面把握区域创新现实，避免区域间产业同构竞争实现产业错位协同布局、找准区域特色实现创新发展差异化定位、提高创新环境建设针对性减少政策资源浪费的现实需要。

3.1.1 产业错位布局

在经济全球化的大背景下，任何区域都不再是孤立的，产业全球化分工的不断深化，使得区域发展越来越依赖其在世界产业链中分工地位的变化。非均衡发展理论、增长极理论、点轴开发理论、中心外围理论等经典理论揭示了区域间的客观联系，而这些联系无不以产业分工为基础。

根据生产要素需求与贡献度不同，经济学家把产业划分为劳动密集型、资本密集型、技术与知识密集型等，与之对应把区域发展阶段划分为生产要素驱动阶段、投资驱动阶段、创新驱动阶段和财富驱动阶段。区域内主导产业的类型决定了区域经济发展阶段，生产要素驱动阶段以劳动密集型产业为主导、投资驱动阶段以资本密集型产业为主导、创新驱动阶段以技术与知识密集型产业为主导、财富驱动阶段本区域产业呈现衰落迹象。

产业分工以社会生产技术为支撑，新技术的发明、推广与应用直接导致产业结构向更高层次发展。区域主导产业结构的变化依赖于区域创新的推动，因此区域创新水平高低在一定程度上制约着区域产业结构水平及产业分工竞争力的高低。然而目前我国中西部很多地区，不顾自身创新发展水平限制，大力推动高新技术产业发展，不仅未能有效推动当时就业及经济水平提高，而且造成资源浪费与产业同构化恶性竞争。东部地区产业发展水平高，创新能力强，虽然高技术产业初具规模，但多数地区仍未能完全淘汰技术水平相对落后的劳动密集型产业。北京、上海、广东等主动实施的产业转移与结构提升，正是由劳动密集型与资本密集型产业向技术与知识密集型产业转型，依靠创新推动区域产业升级的表现。

而纵观中西部地区，物联网、移动互联网、新能源等新高技术产业遍地开花，却均由于区域创新支撑不足而无法成长为有影响力的高技术产业集聚区。以我国光伏产业为例，由于各地大力发展光伏产业，我国光伏产业生产能力远超过本地市场需求，在本地市场恶性竞争中寻求国际市场空间，进而引起欧盟等地区的反倾销调查。造成产业同构竞争困境的根本原因就在于，各地区不顾创新发展水平限制而大力发展技术水平相对较低的高技术产业，缺乏差异化创新的竞争优势，引发产业同构化恶性竞争。

因此，从国家层面上来看，识别区域创新系统发展阶段、判断其对区域产业发展支撑能力及产业结构的匹配状况，将有利于结合各区域产业结构水平，优化区域产业布局，避免产业低端重复建设导致生产能力过剩带来的产业同构恶性竞争，进而构建与创新发展阶段相适应的产业梯度转移网络，促进区域间的协同发展。

3.1.2　区域差异定位

区域创新发展道路必须综合考虑区域创新现状、世界创新趋势，进而结合区域发展的特定历史与当前环境限制做出选择。区域创新发展现状是创新道路选择的最直接影响因素，创新发展阶段是对创新现状综合评判的结果，识别出区域创新系统发展阶段更有利于创新发展道路的选择。

区域创新系统是根植于一定区域特定历史及现实的系统，其发展一方面受区域特定自然资源、区位交通、人文积淀等历史条件的限制，另一方面受区域经济发展水平、人口文化素质、社会结构构成、政策制度环境等的限制。同时区域创新系统的发展也对区域的经济发展、社会进步、制度改革、交通完善、文化积淀等产生推动作用，是区域发展的重要组成部分。因此，当前区域创新系统所处发展阶段是区域内多要素共同作用的结果，是创新与区域资源、环境、经济、社会、政治与文化等在相当长的历史发展中相互制约与促进在创新领域的综合表现。

世界范围内模仿硅谷模式从未停止过，却没有一个地区能够实现对硅谷的追赶，北京中关村、中国台湾新竹工业园、韩国大德科学城、印度班加罗尔等少数在模仿中创新并走出了一条符合自身实际的特色化发展道路。国内各地对“苏南模式”“温州模式”“深圳经验”等的模仿也未能取得发展突破。在区域创新发展道路选择上的盲目模仿也普遍存在，“自主创新”“创新型城市”“创新型省份”不仅是发达省份的创新发展目标，也被相对落后省份所推崇。

“自主创新”与“引进创新”、“封闭创新”与“合作创新”、“渐进创新”与“突破创新”等不同创新道路的选择，有赖于在准确判别区域创新系统发展阶段的基础上进行。创新系统初步建立阶段，创新基础薄弱，“自主创新”较为艰难，引进与合作创新更加可行；而当创新系统具有一定的规模，“自主创新”便成为提升创新质量的关键。因此识别区域创新系统发展阶段，是结合区域发展实际选择特色创新道路的现实需要。

3.1.3 环境针对优化

环境是区域创新系统发展的外部支撑，无论是硬环境建设还是软环境营造都离不开政府的直接参与，政府政策环境不仅直接构成创新软环境，更决定硬环境的建设。基础设施规划、产业布局规划、城市扩展规划、科技创新规划等决定了区域硬件环境的建设方向。因此在区域创新发展中创新政策等软环境是环境建设的重点所在。

区域创新发展政策制定的目的在于根据创新发展需要，在区域发展客观规律指导下，破除发展障碍，引导市场发展。而对区域创新系统发展阶段的识别，有助于根据创新发展的阶段需求、规律与障碍，制定针对性政策措施，避免盲目制定政策而造成的政府资源浪费。

区域创新系统与区域经济发展相类似，在其发展的不同阶段也存在对创新要素投入的不同需求。在区域创新系统建立初期，资源、人才、资本与政策是区域创新最重要的驱动因素；而当区域创新系统趋于成熟，创新投入不再是稀缺资源，追逐尖端科技的高端创新人才与技术转移市场成为区域持续创新发展的保障。因此，明确区域创新系统所处发展阶段，才能更好地为区域创新发展提供要素支撑。

创新是区域发展的重要组成部分和推动力量，区域创新实力的增强也遵循非均衡发展理论、增长极理论、点轴开发理论、中心外围理论等区域发展客观规律。根据这些理论，极化效应、辐射效应、扩散效应、协同效应等此消彼长形成区域创新系统各阶段的主要作用规律。区域创新系统形成初期应着重培育增长极，培育某一较小区域在特定领域形成竞争优势；进而借助极化效应集聚更多创新资源，形成创新集群，进而通过产业链作用、学习机制等构成的创新外溢带动更广阔区域和产业领域的创新发展，使区域创新系统进入新的发展高度。随着区域创新实力的增强，区域内部创新合作及外部创新合作得到加强，区域创新系统间形成创新分工，形成更大的区域创新系统。因此，识别区域创新系统所处发展阶段，有助于辨别各阶段的主要作用规律，通过引导规律间相互作用力的平衡促进区域创新发展。

事物都是在对立统一的矛盾发展中逐步演化，需求与供给的主要矛盾是区域创新系统发展的动力所在。在区域创新系统形成与发展初期，创新需求大于创新供给，本地创新需求往往要通过引进外部创新成果来满足，创新发展市场空间大，但创新实力有限，加强创新资源投入与提高创新能力是解决阶段发展矛盾的主要方法；而随着创新供给水平的提升，区域创新发展进入新的阶段，创新供给与需求接近平衡，区域创新内部竞争激烈，面临升级转型压力，引导市场完成产业升级和创新水平提升是解决阶段发展矛盾的主要途径；转型成功的区域创新系统进入更高的发展阶段，创新供给已远远超出本地市场需求，扩展创新成果输出的外部市场是保持市场平衡的关键。识别区域创新发展阶段有利于引导和解决各阶段创新发展的主要矛盾。

3.2 区域创新系统发展阶段识别的操作难点

区域创新系统发展阶段识别是一项复杂的系统工程，其复杂性是由系统自身要素构成及要素关系的复杂性、创新阶段识别标准的相对性、阶段划分方法的多元化共同决定的。

3.2.1 系统构成维度复杂

区域创新系统是一个复杂系统，表现在系统要素构成的复杂、系统要素关系复杂两个方面。在系统要素构成方面学者们的观点各有不同，对于创新主体的争论有三要素、四要素、多要素等多种观点，创新投入及产出也有争论。根据本研究对于区域创新系统边界及各要素内容的界定，区域创新系统仍包括创新主体、创新投入、创新内容和创新产出四大维度共12个要素，共存在强弱不同的66对直接关联关系和无数条间接关联关系。要素状态及要素关系共同决定了区域创新系统的发展阶段，要准确识别区域创新系统发展阶段，必须从多角度全面考量各要素状态及要素关系水平，并确定各部分对系统整体发展阶段影响的大小。而为了简化识别工作而又保证准确性，对关键要素及关键关系的识别也极具挑战性，这些都增加了区域创新系统发展阶段识别的复杂性。

区域创新系统是一个不断发展变化的动态系统，系统内部各要素的规模、实力，及系统要素间关系等均处于不断的发展变化中。受系统所处地域的资源禀赋、系统外力与内部机制的共同作用，系统内要素必然呈现出不同的发展路径及状态水平，造成要素发展水平不平衡普遍存在，这种发展不平衡可能在一定限度之内，也可能悬殊巨大。而对于区域创新系统发展阶段识别而言，系统构成要素的发展不平衡使得难以准确判断系统整体所处发展阶段。若要素处于同一发展阶段，则系统综合发展阶段便容易确定；当要素水平处于不同发展阶段，且阶段差距较大时，区分关键要素、评价各要素水平对系统发展阶段作用力的大小，便成为系统阶段识别的关键，这客观上增加了准确识别区域创新系统综合发展阶段的难度。

3.2.2　阶段识别标准相对

区域创新发展水平的高低并不是绝对水平，而是随着比较时空的不同变化着，这也提高对区域创新系统发展阶段判别的难度。

首先在空间维度上，区域创新系统发展程度不仅由其客观综合实力高低决定，也更是通过毗邻关联区域的比较中定位。在经济全球化的当下，区域经济竞争力及发展水平的高低是由其在一定区域产业分工金字塔中的地位决定的，区域创新系统亦是如此。特定区域在一定区域范围内的创新分工层级决定了该区域创新系统在给定区域的发展水平及所处阶段。在城市内部看，高新区相对于城市其他区域而言是创新最发达的成熟区域；而在全国范围来看，中关村科技园是创新发展最为成熟的区域，其他高新区多处于成长阶段；而在全球范围来看，硅谷才是创新最为集中和发达的地区，是世界科技创新引擎，中关村在世界范围内也仍处于追赶硅谷的创新成长阶段。这也就是说，区域创新系统发展阶段是由其参照对象的创新发展水平相比较而定的，是区域创新比较优势高低的表现。

在时间维度上，18 世纪的英国率先以蒸汽机的发明与改进而进入工业化大生产时代，新的生产工具不断涌现，使英国成为当时世界创新发展的中心，成为世界经济发展的重要引擎，当时的英国是那个时代创新最为成熟的地区。然而创新始终在进行着，在全球联系日益紧密的当今世界，任何一个区域的创新发展都不可能长期停滞不前，在电力革命中，英国的创新取得新的跨越发展，而后的信息革命同样如此。虽然英国之后再没能成为世界创新之巅，但经过电力革命与信息革命的创新发展，当前英国的创新水平远高于工业革命时期。可以看出，从时间维度上看，任何一个区域的创新均是在不断发展成熟，再发展再成熟的往复循环中持续提升的过程，区域创新系统的发展没有最高形式，只有更高形式。因此，对于区域创新系统发展阶段的识别，必须限定在一定的时间跨度范围内才有意义。

综上，对于特定区域的创新系统发展阶段的识别，必须把其放到时代与区域发展的大背景下去评判，在一定时空范围内根据对比样本创新发展水平的高低，选取系统发展阶段的标准特征，进而实现综合阶段识别，这也增加了区域创新系统发展阶段识别操作难度。

3.2.3 阶段划分方式多元

学者们从不同的研究视角与理论出发，对区域创新系统发展阶段的划分方法也不尽相同，直观地体现在阶段数量与名称上。

易将能等（2005）根据区域创新系统网络结构与功能、产业集群和区域创新边界把区域创新系统发展阶段划分为初级、中级和高级三个阶段。初级阶段应建立技术开发体系、知识创造体系和技术服务体系，中级阶段是由单个要素创新走向综合要素创新的全过程，高级阶段是由产业创新扩展到区域创新的过程。袁潮清与刘思峰（2013）把区域创新系统发展过程按照成熟度划分为高、中、低三个阶段。并把创新主体发育度、创新资源富集度、创新载体建成度、创新活动活跃度、创新网络协同度作为区域创新系统成熟度的评测维度。

张敦富等（2001）、周元（2003）与吕政（2006）参照美国学者迈克尔·波特在研究国家竞争力时提出的国家发展阶段，把高新区发展历程划分为要素群集、产业主导、创新突破、财富凝聚四个阶段，并认为四个阶段只是区域创新系统发展的一个循环过程，在财富凝聚阶段之后区域创新将走向新一轮发展循环。魏进平（2008）从创新主体关系视角把区域创新系统发展阶段划分为创新主体发育阶段、创新主体互动阶段、创新网络形成阶段及创新系统成熟阶段四个阶段。另外从生命周期理论出发，冯庆斌（2006）、王亮（2011，2013）把区域创新系统划分为孵化阶段、成长阶段、成熟阶段、创新衰退或持续创新四个阶段，杨剑等（2006，2007）、尚倩（2011）等划分为孕育期、成长期、高速发展期、成熟期和衰落期共 5 个阶段。

学者们对于区域创新系统发展阶段的划分还未达成共识，在对系统不同侧面发展规律的把握基础上进行的阶段划分，各有侧重，因此必然不同；从相同视角出发的阶段划分，也会由于划分细度不同而产生不同的划分结构。阶段划分是阶段识别的前提，在进行区域创新系统发展阶段识别之前，必须明确区域创新系统发展阶段依据，选取合适的划分方式进一步增加了阶段识别操作的难度。

3.3 区域创新系统发展识别的四阶段划分

国外学者研究更加侧重于区域创新质量与创新能力的阶段与区域差异，国内学者则更多地探讨理论上的区域创新系统发展阶段。弗里施（Fritsch，2002）对欧洲 11 个国家的区域创新系统发展阶段进行了对比分析；伊特考维茨（Etzkowitz，2005）把瑞典区域创新发展历程划分为启动、实现、整合与更新四个阶段；克里森兹（Crescenzi，2007）对比了以美国与欧洲为代表的发达国家创新能力发展阶段的不同。国内学者对于发展阶段的划分研究，主要有三阶段、四阶段、五阶段以及多阶段四种观点。

黄鲁成（2002）认为区域创新系统与生态系统都具有由低级向高级、由不成熟向成熟的发展过程；李松辉等（2003）建立了基于关联分析的区域创新系统运行能力成熟度测定模型，但未进行阶段划分。易将能等（2005）探讨了系统结构、系统功能、产业集聚、系统边界发展等的阶段性在区域创新系统高中低三个阶段的不同特征；袁潮清与刘思峰

(2013) 把区域创新系统成熟度划分为高、中、低三个阶段，并采用灰色定权聚类对我国31个省份进行评估。王焕祥等（2008）回顾改革开放30年以来我国区域创新系统发展历程，将其划分为创立孵化阶段（1978～1984年）、成长阶段（1985～1995年）和完善阶段（1996年至今），并指出创立孵化阶段的动力为资源禀赋、区域文化与政府计划政策，创立向成长阶段转换的动力是竞争合作机制、外部经济、知识扩散与政府硬环境建设，成长向完善阶段转换的动力包括竞合机制、外部经济、知识扩散、网络性、根植性与政府软环境建设。

张敦富等（2001）参照美国学者迈克尔·波特在研究国家竞争力时提出的国家发展阶段，把高新区划分为要素集聚、产业主导、创新突破、财富凝聚四个阶段。周元（2003）认为高新区“二次创业”即是由“产业主导”阶段向“创新突破”阶段转移，并提出要素群集向产业主导阶段转换的主要能力是政策导向、资源整合与产业规模，产业主导向创新突破阶段转换的主要能力是自我发展、全面创新与国际接轨，创新突破向财富凝聚阶段转换的主要能力是“三高”财富、高技能优势与超值回报，财富凝聚向新一轮发展循环转换的主要能力是全新要素、全新起点与全新发展。吕政与张克俊（2006）指出高新区“二次创业”阶段转换中存在体制惯性、原有发展路径依赖、价值链低端锁定、企业“扎堆”、边界“阴影”等界面障碍；并提出以体制创新与高新区立法打破体制惯性、以转变资源供给方式扭转发展路径依赖、以差异化与特色化定位取代同质化定位、以专利和技术标准战略冲破价值链的低端锁定、以培育集群式发展机制替换企业“扎堆”式集中、以搭建创新中介服务网络与增加社会资本排除边界“阴影”等打破阶段转换障碍，并指出自主创新是“二次创业”阶段的最主要任务。魏进平（2008）从创新主体关系视角把区域创新系统发展阶段划分为：创新主体发育阶段、创新主体互动阶段、创新网络形成阶段及创新系统成熟阶段共四个阶段。冯庆斌（2006）、王亮（2011，2013）探讨将区域创新系统的渐进发展过程中的主体功能、创新投入与产出、环境交互作用的演变，依据生命周期理论将区域创新系统由构建到成熟的全过程划分为孵化阶段、成长阶段、成熟阶段、创新衰退或持续创新四个阶段。杨剑等（2006，2007）、尚倩（2011）认为区域创新系统发展依次要经历孕育期、成长期、高速发展期、成熟期和衰落期共5个阶段。

纵观学者们从不同研究视角对区域创新系统发展阶段划分，其本质上均体现区域创新系统规模由小到大、创新合作由松散到紧密、创新能力由弱到强、创新水平由低到高的变化过程。生命周期理论对事物发展阶段的起步、成长、成熟和衰退的划分方法得到广泛认可，同时创新被认为是避免衰退的最有效措施。对于区域创新系统而言，创新是系统存在的根本，不可能存在不创新的状态，而只存在创新规模大小或层次高低的不同，因此衰退只是短期状态，发展是主旋律。在经历一定时间的调整后，区域创新系统将迎来新一轮成长，这种发展阶段的不断循环构成区域创新系统发展的大阶段。基于此，可将区域创新系统发展历程划分为起步、成长、成熟、更替共四个阶段，如图3-1所示。

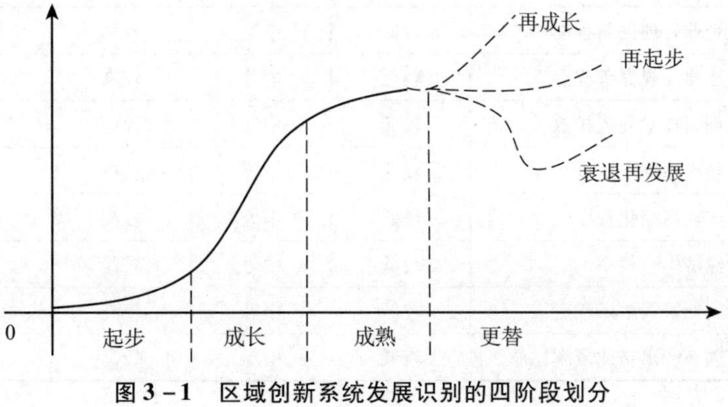

图3-1　区域创新系统发展识别的四阶段划分

安德森（Andersson，2002）、林（Lin，2009）、萨卡尔（Sakr，2011）以及周元（2003）、冯庆斌（2006）、杨剑等（2006，2007）、魏进平（2008）、苏屹与李柏洲（2009）、王亮（2011，2013）在对区域创新系

统发展阶段研究中从不同角度提出各阶段特征。本研究从区域创新系统创新投入、创新主体、创新内容与创新产出四大维度出发对区域创新系统各阶段发展特征进行归纳整理，并对相关内容进行补充得到如表3-1所示。

表3-1　　区域创新系统不同发展阶段特征

维度	特征因素	起步阶段	成长阶段	成熟阶段	更替阶段
主体	创新企业数量及集中度	较低	中等	较高	
	专业科研机构完善程度	较低	中等	较高	
	基础服务机构完善程度	较低	中等	较高	
	创新主体合作程度	较低	中等	较高	
投入	人力资源投入充沛程度	较低	中等	较高	
	创新资本投入充沛程度	较低	中等	较高	
	技术存量充沛程度	较低	中等	较高	
	创新资源流动性	较低	中等	较高	
内容	技术创新产出水平	较低	中等	较高	
	企业管理创新程度	较低	中等	较高	
	法律法规完善程度	较低	中等	较高	
	创新技术外溢扩散	较低	中等	较高	
产出	新产品推广速度	较低	中等	较高	
	产业高端化程度	较低	中等	较高	
	经济生产效率	较低	中等	较高	
	创新氛围浓厚程度	较低	中等	较高	
	创新产出转化效率	较低	中等	较高	

更替阶段是区域创新系统完成一个发展循环后的调整，是系统走向新一轮起步、成长与成熟的开始。更替阶段可能是区域创新系统各项指标水平的降低，也可能是持续的稳定不变或者更快速度的提升，因此其特征未在表3-1中列出，也不作为典型的区域创新阶段进行发展阶段

识别。

3.3.1　起步阶段

在区域创新系统发展的起步阶段，要素发展水平较低，且相互间联系较松散，创新效率也较低。

起步阶段的区域创新主体数量有限，且主体实力较弱，分布还处于自然状态下的分散分布状态，一部分产业在空间上形成产业集群，但产业集群规模与产业链长度均有限，集群内发展水平较高且具有一定创新需求与能力的企业较少。独立科研机构以国家实验室、地方科技中心等政府机构为主，高校办独立科研机构较少，几乎没有企业办独立科研机构。政府创新服务体系的建立仍不完善，对于知识产权保护的宣传及执法强度不足，各项鼓励创新的优惠政策力度不够，科技中介、金融机构等对创新活动的服务支撑不够全面。而由于缺少创新资源集聚高地，这些企业的创新行为以分散的独立进行为主，创新合作往往是偶然的、暂时的和零散的，企业间、科研院所间、企业与科研院所及政府间的创新合作也相对较少且合作层次较低。

在创新投入方面，企业创新主动性与能动性不足，具有一定创新投入实力的企业较少，进而难以形成对创新人才、资金与技术的有效吸引力，提高了创新资源获取的成本及优化配置难度。此时区域创新投入经费中政府科技投入占据相当高比重，科研机构与高校创新资金也主要以政府项目与自筹经费为主。从市场角度考虑，企业通过外部技术购买获得新技术更为经济，因此区域创新投入用于技术购买的支出比重较高，但创新投入总量较低，因此外部技术购买支出水平有限。创新主体实力及能动性不足，创新资源投入总量有限，而又难以对外部创新资源形成有效吸引，使得市场流动规模有限。

创新主体较弱与投入不足，直接导致区域创新内容与创新产出规模较低。区域创新系统的创新主体不是没有创新能力就是创新水平较低，自主创新活动较少，且大部分集中在区域内优势产业或特殊行业。具体表现在科技产出不足，只有少量的实用新型专利及外观设计专利，难以满足区域自身创新发展需求，更谈不上对外技术溢出，新产品较少、产业新形态难以涌现，产业高端化程度不够，经济整体生产效率不高。受创新主体能力限制、创新合作度低、创新投入不足的影响，区域创新资源难以实现市场化高效配置，创新转化效率总体偏低。

3.3.2 成长阶段

经过起步阶段的积累，区域创新主体数量有了显著增加，企业及专业科研机构数量可观，区域创新基础设施更加完善。知识产权保护、财政及税收优惠、科技信息检索、技术交易平台、创新创业服务中心、风险投资等方面已经初步形成体系，中介服务逐步丰富与规范。这一阶段，市场主体已经认识到创新的重要作用，创新积极性提高，企业、科研院所与大专院校逐步成为区域创新的核心力量。区域内主体的创新合作关系更加紧密，合同、购买等短期创新合作增多，产学研联盟等长期创新合作形式逐渐丰富化。

而随着创新主体的不断完善，区域创新要素逐步完善，创新投入能力得到加强。一方面政府开始加大创新政策支持力度，提供创新基金、创新人才引进优惠政策、知识产权保护等一系列有利于直接促进创新的政策。最关键的是区域内的企业开始投资于技术创新，在加大对国外技术引进力度的同时，尝试对引进的技术进行二次开发推广和应用，创新活动在企业的经营中逐渐丰富和持续起来；部分高校科研机构也加入到这个进程，部分企业开始聘用科研人员加入到企业的工程技术研究中来，产学研合作形式多样化且层次加深，企业创新主体地位逐步凸显。产学研联盟加强了创新主体之间的交流与合作，形成有利于知识、信息、资金、人才等创新资源流动的、开放的创新网络。

随着创新主体的增多和创新投入的增长，区域创新在一些领域取得了一批创新成果，表现为以专利为代表的新技术不断涌现，实用新型与外观设计专利数量增长迅速，发明专利缓慢增长；企业组织创新、制度创新逐渐增多；各种创新水平的新产品不断推出；培育了少数标志性创新企业。企业技术改造速度加快，技术水平提高，以高技术产业为代表的科技新兴产业形成了一定规模，传统产业高新化改造快速推进，区域经济总量及生产效率得到提升，区域核心竞争力明显提高。在大量技术引进的同时，一定形式的技术输出开始出现，并逐步趋于输出与引进的平衡。然而由于区域创新系统要素规模增长过快，而刚形成的创新网络对于提升资源配置效率的作用有限，创新资源整体配置效率仍然不高，具体表现为科技创新转化效率和产业化转化效率均不高。

3.3.3　成熟阶段

经过成长阶段的发展，区域创新系统逐渐成熟，创新系统要素丰富充足，形成了具有本区域特色的创新体系，系统各部分联系紧密，协调发展，运行高效而稳定，且能够实现一定区域的创新输出。

成熟期是区域创新系统发展最完善、创新能力最高的阶段。区域内已经聚集了大量的创新型企业，并形成各种产业集聚创新基地。现代企业形式的科研院所、企业办独立科研机构、高校办科研机构及各种合作形式建立的独立科研机构数量众多，且创新实力强大。以各式产学研联盟、产业创新联盟等构成的企业间创新合作、院所间创新合作、企业与院所间创新合作等构成了完善的区域创新网络，长效合作机制已经建立。企业作为创新主体已经充分显示其在区域经济中的地位，创新活动不仅集中在部分大中型企业和研究机构，大量的科技型中小企业开始尝试创新突破，中介服务机构运行良好。政府提供了完善的交通、通信等硬环境和创新政策、市场监管等软环境。

在创新投入方面，研发资金投入比重已经占到 GDP 总值的 2% 以上，企业成为区域创新投入的最主要来源，政府投入则以基础领域创新为主，各式天使基金、风险投资基金等创新扶持基金建立，通过创新合作联盟的共担风险性投入模式普遍。区域创新资金投入由外资为主转为自主投资为主，技术投入由引进为主转为自主专利技术为主，创新人才也由外部引进转变为自主培养为主。

在创新内容与产出方面，以专利为代表的技术创新产出数量已达到一定水平，发明专利比重也占据相当高的比重；企业为应对市场环境挑战和维持高竞争力，不断推动管理创新以提高运行效率和盈利能力；政府由管理型政府转变为服务型政府，不断完善创新服务机制，制定了完善的创新扶持政策、风险投资引导与管理政策、创新竞争监督机制、知识产权保护等制度保障。产品创新成果不断涌现，新产品收入已经占到企业收入的一定比例；培育出一批有国际竞争力的创新型企业；新兴产业和产业新业态不断涌现，高技术产业已具有较大规模；主导产业技术水平和产品竞争力也颇具水平，劳动生产效率较高，区域经济与科技可持续发展能力强，创新成为驱动经济增长的重要引擎。区域创新竞争力较强，能够实现一定区域内的创新输出，通过创新扩散效应对较大地区形成创新引领。随着大规模产业创新集群的形成、发展与成熟，产业集群内部的竞争机制、学习机制与协作机制逐渐发挥作用，企业、科研院所、高等院校对创新的认知更加深刻，创新积极性更高，区域创新文化成熟且稳定。成熟阶段各创新要素间的关系更加紧密，创新主体协作更加紧密，中介机构服务更加全面，创新产出更加丰富多元化，市场流动更加顺畅，配置更加趋优，区域创新转化效率较高。

3.3.4 更替阶段

区域创新系统是一个持续发展不断演进的系统，区域创新随着区域经济、技术、社会、文化等发展而不断发展演进。在一定观察期内，系统由小到大、由低到高、由强到弱，不断呈现出起步、成长与成熟的阶段上升更替，而从较长时期来看，这种阶段更替持续不断推进，当一个上升循环完成，系统也将进入新一轮成长阶段的循环。

进入成熟阶段后的区域创新系统可能由于政府的重大区域创新支撑政策、重大科技创新突破引发产业革命等重大变革因素，促使区域创新系统规模再次高速增长、创新水平突破而直接进入新一轮发展。也可能出现系统僵化、要素成本上升、产业自然淘汰等问题，使系统创新积极性与能动性下降，导致系统综合创新能力短期下滑。然而由于创新始终是区域创新系统的最本质属性，在技术、市场与制度持续创新下，创新系统必将再次走向成长道路。成熟阶段的区域创新系统在发展动力与障碍共同作用下，也可能出现停滞不前的稳定状态，直到新的机遇打破平衡，使区域创新进入新一轮阶段发展更替。

由于更替阶段是一个成长循环的结束和新成长循环开始的过渡阶段，系统发展方向可能是新循环的缓慢起步、迂回反复或快速成长，不具有特定的系统特征，对于该阶段识别的现实意义也不大，因此本研究不对更替阶段做详细探讨或阶段识别。

第 4 章

区域创新系统发展阶段识别体系

准确识别区域创新系统发展阶段将有利于在阶段发展客观规律指导下，制定针对性强的发展对策，然而区域创新系统构成的多维化、阶段划分的多元化及阶段标准的相对性造成系统发展阶段识别的复杂性。本章提出区域创新系统发展阶段识别逻辑，从创新主体、创新投入、创新内容与创新产出四大维度，在充分借鉴学者们相关研究基础上，构建区域创新系统发展阶段识别指标体系，指出各指标获取途径与方法。

4.1 区域创新系统发展阶段识别逻辑

区域创新系统是一个复杂的社会经济系统，系统内部要素众多，且要素间关系错综复杂；同时区域创新系统是一个开放的系统，在与环境的不断交互中，既改变了区域创新环境，其自身结构也不断发生变化，并呈现出不同的阶段特征。要做到全面客观准确把握区域创新系统发展阶段，必须紧密结合区域创新系统结构特征，并充分借鉴学者们对于区域创新系统评价等相关研究基础上，建立具有全面性、科学性、可行性、客观性的指标体系，把不同发展阶段特征指标标准量化，通过计量模型进行阶段识别。

4.1.1　识别维度构建

由于研究视角的差异，学者们对区域创新系统的结构认识也不同，本研究在理论溯源基础上提出区域创新系统是在一定区域范围内，为实现预定的创新发展目标，政府、企业、院所等主体，通过人才、资本、技术投入，推动制度、科技、管理等内容创新，不断创新产品、提升产业、优化环境而形成的创新主体相互转换、创新内容相互作用、创新投入相互支撑的系统。从定义中能清晰看出，区域创新系统包括创新主体、创新投入、创新内容与创新产出四大维度，各维度内部及之间相互作用共同决定了区域创新系统的发展。为了保证区域创新系统发展阶段识别指标体系的全面性和系统性，在指标体系构建中仍将从区域创新系统的创新主体、创新投入、创新内容与创新产出四大维度角度构建阶段识别体系。

区域创新系统的每个维度均包含三大要素：依据“三螺旋”模型三大创新主体为政府、企业与院所，其中院所包括大学与独立科研机构；根据经济学对社会生产资源的研究，除传统的土地因素外，技术被看作与人才及资本同样重要的生产资料，其对创新的重要性更不言而喻，因此将人才、资本与技术看作区域创新三大投入要素；区域创新内容是区域创新的中间产出，是形成最终产出的过渡形态，首先被认识到的是最容易被衡量和对比的科技创新，其次是区域间的制度差异及制度创新，最后德鲁克将创新引入管理学范畴出现了管理创新，最终形成了由微观到宏观的科技创新、管理创新与制度创新三种创新内容；从微观到宏观逐层次扩展，可以将区域创新产出分为产品、产业与环境三个层次，产品是区域竞争的最基层，产业是区域经济的载体，环境是区域经济发展水平的综合表现。同时，系统内部要素间主要关系也是阶段识别必须考虑的：竞合关系是创新主体间的最主要关系，创新合作水平是这种关系优良的重要表现；创新投入在市场机制下寻求最优化配置，因此投入流动水平是能否实现投入要素优化配置的关键所在；创新内容在区域内相互扩散流动是其相互结合实现经济效益转化的关键，因此扩散能力是创新内容间的主要关系；对于创新产出而言，除了总量规模之外，产出投入间的转换效率一直是对系统整体优良程度评测的关键。因此，从区域创新系统的创新主体、创新投入、创新内容与创新产出四大维度出发，综合考虑12种要素构成及4大关联要素关系，构成了区域创新系统发展阶段识别的16个次级维度。

4.1.2 识别指标选取

在区域创新系统发展阶段识别的四大维度16个次维度下，对于识别体系指标的选取，一方面要借鉴对区域创新系统发展阶段识别研究的相关成果，另一方面充分借鉴对区域创新系统的创新能力、创新效率、创新协同等方面进行综合评价的研究成果，同时参考学者们对产业创新系统评价的指标设定等相关研究。

具体指标的选取，不仅注重定量测评，同时考虑定性评价；不仅注重总量指标，同时考虑人均指标；不仅考虑规模水平，更注重比重高低。以保证阶段识别的准确性，具体对学者们研究成果的相关借鉴在4.2节的指标选取中将具体论述。

4.1.3 识别标准制定

区域创新系统是一个不断发展变化的动态系统，区域创新水平高低是在特定的时间与空间范围内的相对量，这也是造成区域创新系统发展阶段识别复杂性的重要原因之一。因此，区域创新系统发展阶段的识别必须以一定的样本空间为参照对象进行，样本空间的阶段分布水平决定了阶段识别指标的标准参考值水平。

具体而言就是结合区域创新系统发展水平，根据参考样本各指标的平均分布状况，确定区域创新系统不同发展阶段各维度发展特征描述中的模糊评价等级的标准参考值，各指标的阶段标准参考值便构成了阶段特征指标集，即得到各阶段标准样本。阶段标准样本是对各样本进行区域创新系统发展阶段识别的参照样本，当样本空间随着研究的时间跨度与空间范围的不同而变化时，阶段标准样本的各指标值也将做出相应变化，以紧密结合区域创新现实水平，保证阶段识别的合理区分度。

4.1.4　识别计量过程

由于区域创新系统的复杂性，以四大维度，并借鉴学者前期相关研究而构建的阶段识别指标体系必然也是一个多层次、多指标的识别体系，也必然面临指标标准化、指标评判与综合评判合成的方法选择问题。选择合适的计量模型能够提高对区域创新系统发展阶段的识别准确度，保证识别结论的科学性与可信度。因此，必须充分考虑评价指标的属性、评价指标标准、评价目的与模型复杂度，对现有相关计量模型进行优缺点对比，做出选择并根据研究问题的特征对模型做出适当改进。

区域创新系统发展阶段识别的计量过程应该包括：指标标准化，即把不同量纲、不同正负向属性、不同数量级的指标值采用同一函数映射到一定的区间范围内，以便于计算；标准阶段特征对比评价，即将各样本指标值与不同发展阶段的指标标准特征值进行对比，判断相似度、贴进度或关联度；综合评判合成，即通过一定的科学方法确定各指标在综合阶段识别中的权重，计算求取各样本与各发展阶段标准样本的相似度；根据综合相似度的高低差异判定各样本所属发展阶段，并对阶段识别结论进行检验与分析，对计量模型的信度与效度做出判断。

4.2 区域创新系统发展阶段识别指标

依据对区域创新系统概念及结构的界定，建立区域创新系统发展阶段识别指标体系框架，并根据各发展阶段的关键特征，在充分借鉴学者们已有研究基础上进行识别指标的具体选取，努力建立一套科学、全面、客观、可行的区域创新系统发展阶段识别指标体系。

区域创新系统包括政府、企业、院所三大创新主体，人才、资本、技术三大创新投入，制度、科技、管理三大创新内容和产品、产业、环境三大创新产出，共12个要素。因此对区域创新系统发展阶段识别指标体系构建的状态指标选取也围绕这12个要素方面展开，加入创新主体合作、创新投入流动、创新内容扩散、创新产出效率4个方面的指标，形成16个指标构成的三级指标，并结合学者们开展相关研究中选取的指标来确定56个四级指标（见图4-1）。

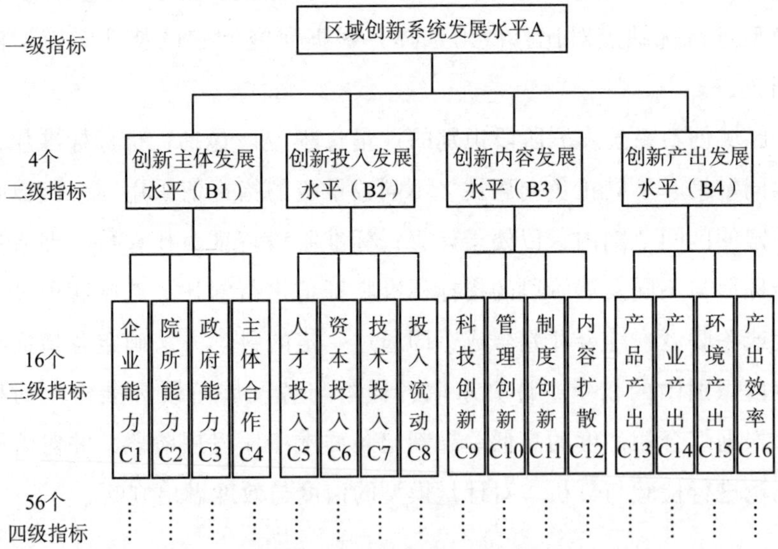

图4-1 区域创新系统发展阶段识别指标体系框架

4.2.1　创新主体发展水平指标

多数学者在对区域创新系统进行评价时较少独立考虑创新主体的影响，而往往把对创新主体的评价分解到创新投入或产出内容中去。花磊（2007）将区域内大学数量、区域内科研机构数量、高校和科研院所每年课题数量作为区域创新能力评价指标体系的网络支撑能力的重要测度。马永红（2008）在建立区域创新系统与区域经济发展协调度评价模型时，把高技术企业数占工业企业比重、211 工程大学占高等院校比重、有科研机构的企业占全部企业比重作为创新主体协调指数的评价指标。郑广华（2010）在构架区域创新系统协调发展评价指标体系中以大中型企业、高技术企业、科研机构、高等院校及技术合作水平为评价指标的创新主体子系统评价体系。现有研究对政府这一创新主体的评价缺少相应的指标参考。参考国家有关高新区、各类综合改革试验区及创新型城市设立的目标，本研究认为一定区域的政府机构中推动创新最为活跃的便是国家级高新区政府、各类综合改革试验区政府及创新型城市的政府，因此以这三类区域的数量作为政府创新能力的评价指标。

同时，只考虑创新主体数量不能准确反映主体创新能力状态，且为避免与创新投入、创新内容及创新产出指标设计中的重复，这里以三大主体的创新项目数作为其创新能力的重要指标参考。因此，本研究对企业、院所与政府的能力分别选取指标有：高技术企业数、有研发活动的规模以上工业企业数、有研发活动的规模以上工业企业占比、规模以上工业企业平均新产品开发项目数作为企业的评价指标；R&D 研发机构总数、普通本科高等院校数、R&D 研发机构课题数作为院所的评价指标；国家级高新区总数、国家级试验区及示范区数、政府 R&D 经费出资额作为政府的评价指标。

创新主体间的合作是区域创新发展的关键特征之一，官产学研等各种形式的创新组织发育程度反映了区域创新系统内部三大主体发挥各自优势进行创新合作的程度。一般是主体间合作水平越高区域创新的发展程度越高也越成熟。李美娟（2014）以“科研院所研究开发来自企业的资金比例”与“高等学校研究开发来自企业的资金比例”作为衡量创新合作水平的高低。本研究选取国家产业技术创新试点及重点培育联盟数、科研机构 R&D 经费中企业资金比重、高校 R&D 经费中企业资金比重作为区域创新主体合作的测量指标（见表 4－1）。

表 4－1　区域创新系统发展阶段识别指标体系之主体指标

二级指标	三级指标	四级指标
主体能力（B1）	企业能力（C1）	高新技术企业总数（个）x11
		有 R&D 活动的规模以上工业企业数（个）x12
		有 R&D 活动的规模以上工业企业占比（%）x13
		规模以上工业企业平均新产品开发项目数（项）x14
	院所能力（C2）	R&D 研发机构总数（个）x21
		普通本科高校数量（所）x22
		R&D 研发机构课题数（项）x23
	政府能力（C3）	国家级高新区总数（个）x31
		国家级试验区及示范区数（个）x32
		政府 R&D 经费出资额（万元）x33
	主体合作（C4）	国家产业技术创新试点及重点培育联盟数（个）x41
		科研机构 R&D 经费中企业资金比重（%）x42
		高校 R&D 经费中企业资金比重（%）x43

1. 企业发展水平

高新技术产业是创新活动最活跃的产业，高新技术开发区是创新活动最集聚的区域，而组成这些产业与区域的核心企业便是高新技术企业，高新技术企业数量是直观判断区域创新活动主体规模最直接的指标。并非只有高新技术企业才进行创新，在当前日益激烈的市场竞争环境下，具有一定规模的传统工业企业为了生存和发展，也积极参与到创新的行列中，有 R&D 活动的规模以上工业企业是重要代表。有 R&D 活动的规模以上工业企业的比重也反映出企业创新的积极性。企业创新活动以新产品开发为主，规模以上工业企业新产品开发项目数反映了企业创新整体能力高低。

2. 院所发展水平

我国最先建立的一批科研机构是以中科院为核心建立的各学科研究所，以及高等院校的实验室，后来有实力的企业相继建立了独立研发中心、企业联合研发中心和校企联合研发中心等各种类型的科研机构，它们共同组成了我国技术创新的核心力量，各种类型的独立科研机构统称为 R&D 研发机构。高校是众多国家和地方实验室及实验中心的依托单位，与企业进行着多方位的技术研发合作，与各类研发机构一起为区域创新发展提供技术支撑。同时高校的人才培养功能又使其有别于一般科研机构，为区域创新与经济发展提供人才支撑，因此高等院校作为一类特殊的研发机构应予以单独测量。由于高校包含本科及专科学校，专科学校只负责培养人才，技术创新活动极低，普通本科高校往往两者兼顾，在区域创新中的作用更全面，因此考虑各类型高校的实力差别，选取普通本科高校数量作为科研机构规模的重要指标之一。院所的创新活动以国家课题与企业课题为主，R&D 研发机构课题数是其创新能力及活跃度高低的重要考察指标。

3. 政府发展水平

政府是区域创新的制度创新实施主体，对于一定的区域而言，存在一个最高行政管辖主体，同时在这个行政管辖区域内也存在一定数量的次级地方政府。因而，对制度创新实施主体政府的规模评价，不能以区域内的最高级别政府为对象，而应该从制度创新的角度以最可能实施制度创新活动的次级地方政府作为研究对象。国家高新区是创新活动最活跃的区域，作为一个区域求发展的特别设立开发区，往往具有一定的招商、融资与财税等政策自主性，国家级高新区行政级别更高，能够自主制定的制度范围也更多，因此国家级高新区的高新区管委会是制度创新的最直接创造与实施主体。

各种类型的国家级示范区与试验区是制度创新最活跃的地区。为探索我国改革开放的新方向，探寻产业升级的新路径，寻找可持续发展的新方法，我国先后设立自主创新示范区和综合配套改革试验区等多种形式制度创新先行区，希望通过赋予一定较小区域更多更大的改革权限，进行一定领域内的制度改革先行探索实验，以选取成功成熟模型进行更大区域推广，推动我国全面改革的进一步深化。其中，国家自主创新示范区主要开展股权激励试点、深化科技金融改革创新试点、支持创新企业的税收政策制定等创新；国家设立综合配套改革试验区是为了把改革和发展有机结合起来，从经济发展、社会发展、城乡关系、土地开发和环境保护等多领域推进改革，探索合理解决经济体制改革的系统性和配套性。创新型城市指主要依靠科技、知识、人力、文化、体制等创新要素驱动发展的城市，其内涵一般体现在思想观念创新、发展模式创新、机制体制创新、对外开放创新、企业管理创新和城市管理创新等方面。创新型城市试点是探索城市发展新模式的一项重大举措，国家选择一批创新基础条件好、经济社会发展水平高、对周边带动作用大的城市，在体制机制和创新政策等方面先行先试，推动其率先进入创新型城市行列，以示范和引导更多城市走上创新发展的道路。

国家科技产业化项目包括火炬计划项目与星火计划项目两大类，科技成果产业化即将科技成果转化为实体产业并生产出产品、商品，产生科技成果的社会效益和经济效益。科技产业化项目实施的目标是促进高新技术成果商品化、高新技术商品产业化和高新技术产业国际化。项目以地方申报、中央审批方式获得国家专项资金支持，实施主体是中央政府的科技部，推进主体是项目所在地的地方政府，因此科技产业化项目数在一定程度上反映出政府对创新的重视程度及推动力度。

4. 主体合作发展水平

各种形式的产学研联盟、官产学研联盟是区域创新主体合作的主要形式，由于合作形式多样且无对产学研联盟数量的相关统计口径，因此选取产学研联盟在国家层次的重要代表——国家产业技术创新试点及重点培育联盟数，作为反映区域创新主体合作的参考指标。科研机构与高校的 R&D 经费主要来自政府与企业，企业出资比例越高反映科研机构、高校与企业的创新合作越紧密，市场化创新合作的发展程度也越高，因此科研机构 R&D 经费中企业资金比重、高校 R&D 经费中企业资金比重能够反映主体合作的程度高低。

4.2.2　创新投入发展水平指标

弗尔曼（Furman，2002）等用专利、资金和劳动资本等指标做因变量考察其对区域创新系统创新能力的影响。池仁勇（2004）选取 R&D 人员投入与 R&D 经费投入作为区域技术创新投入。格拉希德等（Graciad et al.，2005）学者选取 R&D 人员、科技活动人员、R&D 经费以及专利申请量作为区域创新活动投入，并且认为技术创新投入与产出之间无滞后期。罗亚非与李敦响（2006）选取科技活动人员、科技经费内部支出、R&D 人员当量和 R&D 经费 4 个指标作为投入指标。邵云飞与谭劲松（2006）将从事研发工作的科技人员数、科学家和工程师数、R&D 经费支出、R&D 经费占 GDP 比重等作为区域创新能力的人力资本与创新资金投入。沙尔玛（Sharma，2008）、白俊红（2010）、颜莉（2012）、赵峥（2013）等学者认为 R&D 人员全时当量与 R&D 经费内部支出更加符合区域创新投入实际。区域创新的技术投入主要有两大来源：一是自有技术，即通过自主研发已经获得的各项技术，考虑到技术价值转换具有一定的时间延续性（Ernst，2001），有效专利存量比专利流量更能准确反映自有技术的投入规模（赵彦云，2011）。

综合学者们的观点，结合科技统计指标的变化，本研究选取 R&D 人员、R&D 人员全时当量、R&D 人员比重、R&D 人员中研究生学历比重作为创新人才投入指标，R&D 经费内部支出、R&D 经费投入强度、R&D 经费内部支出中企业出资比重作为创新资本投入指标，区域有效专利存量、发明专利存量比重、国外技术引进合同数、国外技术引进合同金额作为创新技术投入指标。以 R&D 人才净流入量、R&D 经费外部支出、R&D 经费外资投入作为考察创新投入流动性高低的测量指标（见表4-2）。

表4-2　　区域创新系统发展阶段识别指标体系之投入指标

二级指标	三级指标	四级指标
投入能力（B2）	人才投入（C5）	R&D 人员（人）x51
		R&D 人员全时当量（人年）x52
		R&D 人员比重（每万人）x53
		R&D 人员中研究生学历比重（%）x54
	资本投入（C6）	R&D 经费内部支出（万元）x61
		R&D 经费投入强度（%）x62
		R&D 内部支出中企业出资比重（%）x63
	技术投入（C7）	有效专利存量（件）x71
		发明专利存量比重（%）x72
		国外技术引进合同数（项）x73
		国外技术引进合同金额（万元）x74
	投入流动（C8）	R&D 人才净流入量（人）x81
		R&D 经费外部支出（万元）x82
		R&D 经费外资投入（万元）x83

1. 人才投入

R&D 人员指调查单位内部从事基础研究、应用研究和试验发展三类活动的人员，包括直接参加各类创新研究活动的人员以及项目的管理人员和直接服务人员。考虑人员流动性，R&D人员全时当量更加准确客观地反映创新人才投入总量。R&D人员比重表示一个地区劳动力中R&D人员所占比例高低，反映R&D人员投入强度。R&D人员中研究生学历比重即R&D人员中硕士与博士学位的比重，反映了R&D人员的整体质量。

2. 资本投入

R&D经费内部支出指用于内部开展R&D活动的实际支出，包括用于R&D项目（课题）活动的直接支出，以及间接用于R&D活动的管理费等，反映用于区域内实际创新活动的支出。R&D经费投入强度指R&D投入占地区生产总值的比重，反映区域创新资本投入强度。企业被认为是区域创新的最核心主体，R&D内部支出中企业出资比重反映区域创新投入资金的结构水平高低。

3. 技术投入

技术既是区域创新的投入要素又是科技创新的重要组成内容，我们认为作为创新投入的技术必然是在当期以前已经通过研发或购买而获取的技术，而作为科技创新产出的技术应该是在当期获取的技术。区域创新的技术投入主要有两大来源：一是自有技术投入，以有效专利存量及发明专利存量比重作为测量指标；二是引进技术投入，通过国外技术引进合同数及国外技术引进合同金额作为测量指标。

4. 投入流动

区域创新资源在市场机制作用下从区域中流入与流出以实现优化配置，R&D人才净流入量反映了区域创新人才的流动状况。R&D经费外部支出反映了区域创新资本的流出状况，R&D经费外资投入则反映了区域创新资本的流入状况。

4.2.3 创新内容发展水平指标

在科技创新产出方面，专利被认为能够较全面地反映各地区发明和创新信息，常用来作为衡量创新系统“科技成果产出”的指标。发明专利可以较好地衡量地区的创新产出水平，由于其技术含量高且申请量很少受到专利授权机构审查能力的约束，更能客观地反映出一个地区原始创新能力与科技综合实力。由于专利的受理及审批需要经历一定的时间，当期授权的专利多数为前一期或前几期的专利申请批复，专利申请的提交时间与新技术产生的时间更为接近，因而专利申请量比实际专利产出更为接近。同样论文是新知识产生的体现，是“科技成果产出”的重要组成部分。因此，综合学者们的观点，本书采用专利申请受理量、人均专利申请受理量、发明专利申请受理量占比、科技论文国外发表量作为科技创新的测量指标。

对企业管理创新与政府制度创新的测量相对较为困难，学者们多采用专家打分、问卷调查等方式进行评价。王建民（2006）从管理创新投入能力、转换能力、产出能力三个维度以创新意识、员工素质、管理创新经费、信息系统、创新激励等 11 个指标构建了企业管理创新评价指标体系。傅贤治（2012）从体制机制、管理方法、企业文化三大角度建立了包含产权制度、员工素质、信息化管理水平、企业家创新主动性等 20 个指标的企业管理创新能力评价指标体系。根据以上学者的观点，本书选取企业产权制度、企业家创新意识、员工素质、企业信息化水平作为区域中企业管理创新水平的测量指标。

在制度创新方面，盛亚等（2013）从供给面、环境面与需求面详细比较了浙、粤、苏、京、沪五个地区的创新政策数量及力度。张剑娜等（2013）以政府公开信息、网上企业办事、社会管理创新数量等指标构建了政府制度创新能力测度指标体系。综合以上学者观点，本书选取公共服务、信息公开、新技术应用、创新政策等作为制度创新的测量指标。

以信息为载体的科技创新最易产生创新扩散效应，而创新扩散也是区域创新系统发展阶段判别的重要依据。技术市场成交合同数量与金额是常用的创新扩散评价指标，考虑创新扩散的方向性，本书选取技术市场成交合同数、技术市场成交合同金额、技术输出输入比作为区域创新扩散的测量指标（见表 4-3）。

表 4-3　　区域创新系统发展阶段识别指标体系之内容指标

二级指标	三级指标	四级指标
内容能力（B3）	科技创新（C9）	专利申请受理量（件）x91
		人均专利申请受理量（件/万人）x92
		发明专利申请受理量占比（%）x93
		科技论文国外检索量（篇）x94
	管理创新（C10）	企业产权制度 x101
		企业家创新意识 x102
		员工素质 x103
		企业信息化水平 x104
	制度创新（C11）	公共服务 x111
		信息公开 x112
		新技术应用 x113
		创新保障制度 x114
	内容扩散（C12）	技术市场成交合同数（项）x121
		技术市场成交合同金额（万元）x122
		技术输出输入比 x123

1. 科技创新

由于专利的受理及审批需要经历一定的时间，当期授权的专利多数为前一期或前几期的专利申请批复，专利申请的提交时间与新技术产生的时间更为接近，因而专利申请量与实际专利产出更为接近。专利申请受理量最直接反映了专利形式创新产出，发明专利申请受理量占比反映出创新成果的质量水平，人均专利申请受理量反映了区域创新产出的相对水平高低。与之对应，科技论文国外发表量是指由国际检索 SCI、EI 与 CPCI－S 收录的科技论文数量。

2. 管理创新

一般认为市场经济主体更具创新性，因此用企业法人占区域法人总量的比重代表的产权制度反映区域管理创新的可能性高低。企业家创新意识反映了管理创新的能动性，由社会文化环境、企业家个人风险偏好多因素决定，这里由工业企业 R&D 投入强度平均水平作为企业家创新意识高低的参考值。员工素质则是决定管理创新实施的关键因素，这里由专科及以上教育层次员工比重表示。地区互联网宽带接入率在一定程度上反映了地区信息化发展的整体水平，以其作为地区企业信息化水平的指标。

3. 制度创新

公共服务即政府在民生领域与经济重大项目领域服务水平。政府通过文件及网站进行的基础信息公开、行政权力公开、行政决策公开、财政资金公开、依申请公开等政策信息公开是制度创新的重要成果。新技术应用反映了政府采用政务 APP 等现代信息工具实施管理与服务的能力。以上三个指标均采用由国家工业和信息化委员会公布的“2013 中国政府网站绩效评估”中的“省级政府网站指数”的公共服务指数、信息公开指数、新技术应用指数作为评价值。创新保障制度是影响区域创新的最核心制度创新内容，以《2012 年全国知识产权发展报告》中测定的“知识产权保护发展指数”作为评价值。

4. 创新扩散

技术市场成交合同数与技术市场成交合同金额能够总体反映区域内

的技术流动情况，但是技术流动存在方向性，技术输出能力更能说明区域的创新扩散能力。技术输出输入成交合同金额比则反映了区域技术扩散的方向，比值大于1说明该区域已经能够实现对外技术创新辐射，小于1说明该区域仍以技术引进为主，越成熟的区域创新系统也应该具有更高的技术输出能力。

4.2.4　创新产出发展水平指标

新产品销售收入（Zhang et al.，2003；朱有为等，2006）、新产品产值（赵峥，2013）被看作是区域创新产出最核心的代表。高新技术产业作为拥有最高端、最先进技术的产业部门，被认为是由创新集聚而成的产业，被作为区域创新的产业成果代表（吴延兵，2006；Hu，2005）。在环境层次的产出中，格拉希亚（Gracia，2005）、侯风华（2008）等学者选取地区人均生产总值作为区域创新活动产出指标。综合学者们的观点，结合统计年鉴公布的统计口径变化，本研究选取新产品销售收入、新产品销售收入占主营业务收入比重、新产品出口率作为产品维度产出的测量指标；选取高技术产业主营业务收入、高技术产业利润、高技术产业利润率作为产业维度产出的测量指标；人均GDP、人均劳动生产率、单位能耗GDP产出、高技术产业比重、创新文化氛围作为区域创新环境层面的产出测量指标（见表4-4）。

1. 产品产出

新产品销售收入是创新经济产出的最典型指标；新产品销售收入占主营业务收入比重反映了新产品的比重高低，是对新产品销售收入绝对量的补充；由于高技术含量的产品在国际市场的竞争力更强，因此新产品出口率在一定程度上反映了新产品的技术水平高低；新产品销售收入增长率反映了地区新产品产出的发展趋势。

表 4-4　区域创新系统发展阶段识别指标体系之产出指标

二级指标	三级指标	四级指标
产出能力（B4）	产品产出（C13）	新产品销售收入（亿元）x131
		新产品销售收入占主营业务收入比重（%）x132
		新产品出口率（%）x133
	产业产出（C14）	高技术产业主营业务收入（亿元）x141
		高技术产业利润（亿元）x142
		高技术产业利润率（%）x143
	环境产出（C15）	人均 GDP（元）x151
		城镇就业人员平均工资（元）x152
		单位能耗 GDP 产出（万元/吨标准煤）x153
		高技术产业比重（%）x154
		创新文化氛围 x155
	产出效率（C16）	科技创新转化效率 x161
		经济创新转化效率 x162
		创新全过程转化效率 x163

2. 产业产出

创新产品的集聚形成创新产业，高技术产业是区域创新在产业层面的产出形式。高技术产业主营业务收入反映了高技术产业的规模水平，高技术产业利润反映了高技术产业的经营实力，高技术产业利润率是高技术产业利润与主营业务收入之比反映高技术产业经营能力状态，高技术产业增长率是高技术产业主营业务增长水平反映高技术产业发展趋势。

3. 环境产出

创新对于区域环境的影响表现在对区域经济发展、劳动生产率的提高、产业结构的提升，以及创新文化氛围的形成等方面。人均 GDP 反映了区域经济发展水平高低，人均劳动生产率与单位能耗 GDP 产出反映了劳动力与能源的经济产出效率高低，其中单位能耗 GDP 产出是单位 GDP 能耗的倒数，高技术产业比重是地区产业结构高端化代表；创新文化氛围反映区域创新态度，以全部工业企业的平均新产品开发投入水平作为区域创新态度的反映。

4. 产出效率

弗莱德曼（Feldman，1999）认为衡量创新需要考虑创新投入、中间产出和最终产出三个方面，这一观点获得广泛认可。伯恩斯坦（Bernstein，2006）、汉森（Hansen，2007）等学者将创新过程视为一个完整的生产系统，提出了“创新生产过程”的概念，指出它是由多个阶段的子过程构成的一系列创新活动的总和。

根据第 2 章对于区域创新系统结构的探讨，区域创新系统从投入到产出的“创新投入—创新产出”全过程包括“创新投入—创新内容”“创新内容—创新产出”两个子阶段的转化。因此依据区域创新的二阶段模型，对区域创新过程的测量应该从“创新投入—创新产出”全过程、“创新投入—创新内容”子过程和“创新内容—创新产出”子过程共三个阶段进行评价。三个阶段的效率均是对区域创新系统过程评价的重要指标。

区域创新系统全过程即人才、资本、技术等初始投入转化为产品、产业、环境等最终产出整个过程，学者们普遍认为这一过程包含技术转化与经济转化两个子过程，这两个子过程转化效率的高低也就决定了创新全过程转化效率的高低。然而由于对多投入多产出系统效率测量方面的限制，两个阶段效率叠加也不能反映全过程的整体状况，而只考虑全过程整体又容易忽略内部过程特征，因此把三个效率同时作为区域创新系统过程评价的重要测量指标。技术转化过程是由创新人才、创新资本与创新技术投入实现科技创新突破，是区域创新投入迈向产出的第一步，传统上被视为创新的最核心环节。技术转化效率的高低直接决定了可用于经济转化的技术成果的多少，科技创新是最为广泛接受的技术创新产出形式。经济转化过程是把技术创新成果产业化最终实现经济效率的过程。

4.3 数据获取与处理

4.3.1 数据来源

由于港澳台地区相关指标数据获取困难，西藏自治区部分数据无法获取，本书以中国大陆地区除西藏以外的30个省域区域创新系统为研究对象。书中涉及的区域划分标准以中国国家统计局及中华人民共和国政府官方网站的东部、中部、西部、东北四大区域划分为依据，其中东部包括北京、天津、河北、山东、江苏、上海、浙江、福建、广东与海南共10个省市，中部包括山西、河南、湖北、湖南、江西、安徽共6个省，西部包括内蒙古、陕西、宁夏、甘肃、新疆、青海、重庆、四川、贵州、云南、广西和西藏共12个省市区，东北包括辽宁、吉林与黑龙江共3个省。

本书主要数据来自《2013中国科技统计年鉴》《2013中国统计年鉴》与《2013中国劳动统计年鉴》，部分指标通过计算或相关研究报告获取，见表4-5。

表4-5　区域创新系统发展阶段识别部分指标计算方法或来源

指标	计算方法或引用来源
规模以上工业企业平均新产品开发项目数（项）x14	规模以上工业企业新产品开发项目数/有R&D活动的规模以上工业企业数
R&D人员比重（每万人）x53	R&D人员数/年末城镇从业人员总数
R&D人员中研究生学历比重（%）x54	博士和硕士毕业的R&D人员数/R&D人员数

续表

指标	计算方法或引用来源
人均专利申请受理量（件/万人）x92	专利申请受理量/年末城镇从业人员总数
企业产权制度 x101	企业法人数/区域法人总数
企业家创新意识 x102	规模以上工业企业 R&D 内部支出/规模以上工业企业主营业务收入
员工素质 x103	专科劳动力比重 + 本科劳动力比重 + 研究生劳动力比重
企业信息化水平 x104	互联网宽带接入户数/地区年末人口户数
公共服务 x111	《第十二届（2013 年）中国政府网站绩效评估》2013 年省级政府网站评估结果之民生领域服务指数、信息公开指数、新技术应用指数
信息公开 x112	
新技术应用 x113	
创新保障制度 x114	《2012 年全国知识产权发展状况报告》之地区知识产权保护发展指数
技术输出输入比 x123	技术输出成交合同金额/技术输入成交合同金额
高技术产业利润率（%）x143	高技术产业利润/高技术产业主营业务收入
单位能耗 GDP 产出（万元/吨标准煤）x153	1/单位 GDP 能耗
高技术产业比重（%）x154	高技术产业主营业务收入/规模以上工业企业主营业务收入
创新文化氛围 x155	规模以上工业企业新产品开发经费及支出/规模以上工业企业总数
科技创新转化效率 x161	通过 DEA 方法求取（见 4.3.3）
经济创新转化效率 x162	
创新全过程转化效率 x163	

4.3.2　数据标准化

由于各指标的单位不尽相同，数量级差别较大，需要经过无量纲化处理后，方可进行相互间的运算。目前广泛使用的数据标准化方法模型比较多，本书选取最大最小值法。本书选取的指标均为正向指标，即指标值越大越好，因此指标标准化公式统一为：

$$x'_{ij}=\frac{x_{ij}-x_j^{\min}}{x_j^{\max}-x_j^{\min}} \tag{4-1}$$

其中 x_{ij} 为第 i 个样本的第 j 项指标值，x'_{ij} 为 x_{ij} 的无量纲标准化值，$x_j^{\max}$ 为所有样本第 j 项指标的最大值，$x_j^{\min}$ 为所有样本第 j 个指标的最小值。经标准化处理后，指标值介于 0 和 1 之间。

4.3.3 效率计算模型

区域创新是一个从投入到产出的复杂过程系统，既非纯技术产出系统，也非纯经济产出系统，而是一项基于各类创新资源投入酝酿诸多创新效益产出的工程。学者们普遍把这一过程看作是由创新投入到技术成果，再由技术成果商业化实现经济效益两个阶段（见图 4－2）。

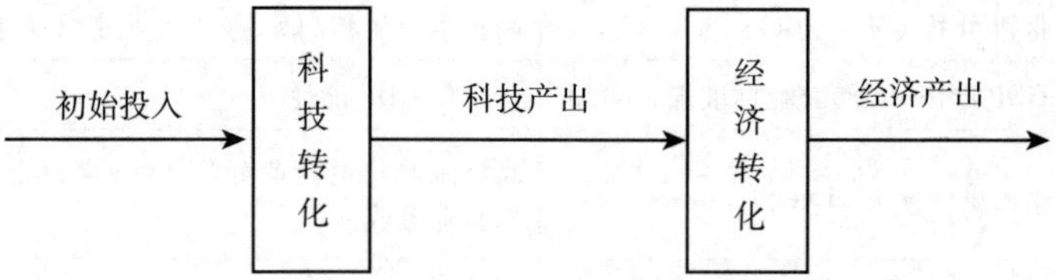

图 4－2　区域创新“投入—科技—经济”转化两阶段模型

区域创新系统是一个多投入多产出系统，这是由于系统的多种投入和多种产出往往无法以相同的单位进行统一度量，产出与投入的直接比值就无法计算，因此只能退而求其次，通过人为赋权的方式获得一定条件下的相对效率，以方便进行不同样本间的比较分析。我们注意到，由于研究出发点或角度及目的不同，会对相同投入或产出给予不同权重，这就造成人为因素在效率评价中占绝对影响地位，从而降低了评价的客观性与科学性。然而，数据包络分析（DEA）的严密数学论证发现，即便是这种随意赋权，也存在效率的可比性。

数据包络分析（DEA）是由著名的运筹学家查恩斯（Charnes）、库帕（Cooper）和罗霍德（Rhode）等人在“相对效率评价”概念的基础上发展起来的，是评价同类单元相对有效性的一种系统分析方法。DEA 方法特别适用于多个输入和多个产出的系统效率的评价，如对多产品的生产系统的评价，以及资源分配效率的评价和对企业知识管理绩效的评价。自 20 世纪 50 年代以来，科学家和决策者们就在寻找评价科学研究绩效的方法，后来罗赛奥（Rousseau，1998）等通过使用 DEA 方法对 14 个国家的科研绩效进行了客观的评价。DEA 方法还可用于评价团队的研究效率，进而对知识生产力进行评估。官建成（2005）运用 DEA 的 CCR 模型对我国除西藏外的大陆地区 30 个省市区的区域创新绩效进行了两阶段评价。于晓宇和谢富纪（2011）利用 DEA - Tobit 两阶段方法对上海 1995 ~ 2004 年的创新系统资源配置效率进行了纵向对比评价。

DEA 技术特别适用于多个输入和多个输出的情况，基本模型 CCR 是假设规模报酬不变下的效率有效性，但实际经济生产中往往不能满足这一严格假设。班克（Banker）、查恩斯和库帕剔除了 CCR 模型中的规模报酬不变假设，得到适用性更强的改进模型 BCC。同时他们指出，DEA 实施中样本 DMU 个数必须是输入变量个数和输出变量个数之和的两倍以上，否则 DEA 效率的区别能力会减弱。为了提高 DEA 效率的区别能力，减少输入与输出指标数量，又可能无法完全反映系统所有的信息而降低效率准确性。因此，首先要选定各阶段创新投入与产出的合适变量，才能通过 DEA 模型得到合理的效率评价值。

1. 变量设定

学者们在使用 DEA 进行创新效率测算时，普遍将 R&D 人员全时当量与 R&D 经费内部支出作为最核心的创新投入，专利申请数、新产品销售收入、人均 GDP 被视作区域创新产出。

余泳泽（2009）认为由于创新资本购买的设备、场所等固定资产在很长一定时期内发挥创新作用，因此创新资本存量比当期 R&D 内部支出更能反映实际参与创新的资本状况。赵彦云（2011）考虑到技术价值转换具有一定的时间延续性，认为有效专利存量比专利流量更能准确反映自有技术的投入规模。因此本书综合学者们的观点选取 R&D 人员全时当量、R&D 资本存量、有效专利存量作为区域创新初始投入，专利申请受理量、科技论文发表量作为科技转化阶段产出，新产品销售收入、高技术产业主营业务收入、单位能耗 GDP 产出作为经济转化产出（见图 4－3）。

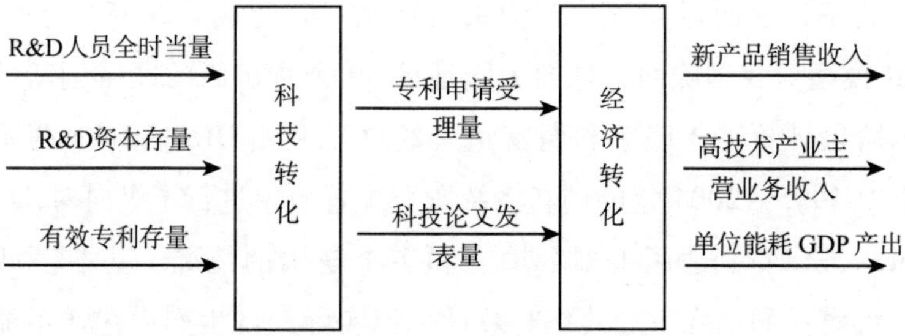

图 4－3　区域创新两阶段模型投入产出过程

在所有投入产出变量中只有 R&D 资本存量没有相关统计量，需要通过计算获得。区域创新的资本投入不仅包含当期的全社会 R&D 资金投入，还应该包括前期 R&D 经费中资产性支出形成的房屋、办公设备、研发仪器等创新资产。这些资产虽然由前期研发经费支出获得，但在当期的创新活动中也发挥巨大作用。研发资本存量可以通过永续盘存公式（4－2）计算得到。

$$K_t = K_{t-1}(1-\delta) + I_t/P_t \tag{4-2}$$

其中 K_t 为基准年资本存量，δ 为经济折旧率，I_t 为新增资产性投资，P_t 为投资价格指数。由于我国正处于基础设施和技术的快速升级阶段，固定资产淘汰较快，创新研发高科技设备的技术寿命也较一般生产设备短，参照单豪杰（2008）估计的 1952～2006 年平均资产折旧率 10.96%，这里把创新资产折旧率定位一般资产折旧率的两倍即 22%。

其中最后一期的资本投入量以"R&D 内部支出总额"替代新增资产性投资，最终估计得到当期创新资本存量值。

2. DEA（数据包络分析）

对于有 n 个决策单元，每个决策单元都有 m 种类型的"输入"，以及 s 种类型的"输出"，其决策单元的"资源投入"和"系统产出"可分别由表 4-6 给出。

表 4-6　　DEA 决策单元投入产出

		DMU_1	DMU_2	……	DMU_n		
v_1	1	x_{11}	x_{12}	……	x_{1n}		
v_2	2	x_{21}	x_{22}	……	x_{2n}		
……	……	……	……	……	……		
v_m	m	x_{m1}	x_{m2}	……	x_{mn}		
		y_{11}	y_{12}	……	y_{1n}	1	u_1
		y_{21}	y_{22}	……	y_{2n}	2	u_2
		……	……	……	……	……	……
		y_{s1}	y_{s2}	……	y_{sn}	s	u_s

其中，x_{ij}为第 j 个决策单元对第 i 种类型输入的投入量；y_{rj}为第 j 个决策单元对第 r 种类型输出的产出量；v_i 为对第 i 种类型输入的一种度量（"权"）；u_r 为对第 r 种类型输出的一种度量（"权"）；而且 $x_{rj}>0$，$y_{rj}>0$，$v_i \geqslant 0$，$u_r \geqslant 0$，$i=1, 2, \cdots, m$，$r=1, 2, \cdots, s$，$j=1, 2, \cdots, n$。

（1）CCR 模型。

记 $X_j=(x_{1j}, x_{2j}, \cdots, x_{mj})^T$，$Y_j=(y_{1j}, y_{2j}, \cdots, y_{sj})^T$，则可用 (X_j, Y_j) 表示第 j 个决策单元 DMU_j。对应于权重系数 $v=(v_1, v_2, \cdots, v_m)^T$，$u=(u_1, u_2, \cdots, u_s)^T$，每个决策单元都有相应的效率评价指数：

$$h_j=\frac{u^T Y_j}{v^T X_j} \tag{4-3}$$

总是存在适当权重系数 v 和 u，使其满足 $h_j \leqslant 1$。对第 j_0 个决策单元进行效率评价，在所有决策单元的效率评价指标均不超过 1 的条件下，选择适当的权重系数 v 和 u，是的第 j_0 个决策单元的效率 h_{j0} 最大，于是构成如下的最优化模型。

$$\begin{cases} \max h_{j0} = \dfrac{u^T Y_{j0}}{v^T X_{j0}} \\ \text{s. t. } h_j = \dfrac{u^T Y_j}{v^T X_j} \leqslant 1 \\ v \geqslant 0,\ u \geqslant 0,\ j = 1,\ 2,\ \cdots,\ n \end{cases} \tag{4-4}$$

利用 Charnes - Cooper 变换，可以将该分式规划转化为一个等价的线性规划。令 $t = 1/v^T X_{j0}$，$\omega = tv$，$\mu = tu$，原分式规划转化为：

$$(P)_{CCR} \begin{cases} \max \mu^T Y_{j0} \\ \text{s. t. } \omega^T X_j - \mu^T Y_j \geqslant 0 \\ \omega^T X_{j0} = 1 \\ \omega \geqslant 0,\ \mu \geqslant 0 \end{cases} \tag{4-5}$$

其对偶规划为：

$$(D)_{CCR} \begin{cases} \min \theta \\ \text{s. t. } \sum_{j=1}^{n} X_j \lambda_j + S^- = \theta X_{j0} \\ \sum_{j=1}^{n} Y_j \lambda_j - S^+ = Y_{j0} \\ \lambda_j \geqslant 0 \\ S^+ = (S_1^+,\ \cdots,\ S_s^+) \geqslant 0,\ S^- = (S_1^-,\ \cdots,\ S_m^-) \geqslant 0 \end{cases} \tag{4-6}$$

规划 $(P)_{CCR}$ 与 $(D)_{CCR}$ 都有可行解，因而都有最优解，并且最优值满足 $V_P = V_D \leqslant 1$。如果规划 $(P)_{CCR}$ 的最优解为 ω^0，μ^0 满足 $V_P = \mu^{0T} Y_{j0} = 1$，则称 DMU_{j0} 为弱 DEA 有效；若同时满足 $\omega > 0$，$\mu > 0$，则称为 DMU_{j0}

为 DEA 有效。显然，若 DMU_{j0}为 DEA 有效，它必定为弱 DEA 有效。其对偶规划 $(D)_{CCR}$的 DMU_{j0}为弱 DEA 有效的条件为 $\theta_0 = 1$，且它的每个最优解都满足 $S^{+0} = S^{-0} = 0$ 时称为 DMU_{j0}为 DEA 有效。

(2) BCC 模型。

BCC 模型剔除了 CCR 模型中的规模报酬不变假设，增加原模型的凸性假设 $\sum_{j=1}^{n} \lambda_j = 1$，从而将被评价单元的技术效率（*TE*，也称综合效率）分解成纯技术效率（*PTE*）和规模效率（*SE*），“技术效率 = 纯技术效率 × 规模效率”。CCR 模型中计算效率值在 BCC 模型对应为综合效率，BCC 模型中所计算的效率值为纯技术效率。BCC 模型的线性规划如公式（4 -7）所示。

$$(D)_{BCC}\begin{cases}\min\theta \\ \text{s. t. } \sum_{j=1}^{n} X_j\lambda_j + S^- = \theta X_{j0} \\ \sum_{j=1}^{n} Y_j\lambda_j - S^+ = Y_{j0} \\ \sum_{j=1}^{n} \lambda_j = 1 \\ \lambda_j \geqslant 0 \\ S^+ = (S_1^+, \cdots, S_s^+) \geqslant 0,\ S^- = (S_1^-, \cdots, S_m^-) \geqslant 0\end{cases} \tag{4-7}$$

BCC 模型的效率有效性判别方法与 CCR 模型相同。通过最优解时的 λ_j 与 θ_0 的比值 K 能够判断决策单元的规模报酬状况。当 $K = 1$ 时，规模报酬不变；$K > 1$ 与 $K < 1$ 分别表示规模报酬递减与规模报酬递增。

第 5 章

区域创新系统发展阶段识别模型

区域创新系统是由多要素组成的复杂系统，其发展阶段是由系统内部要素发展状态水平及要素间相互关系共同作用呈现出的阶段性整体特征，因此对于区域创新系统发展阶段的识别，不仅需要科学全面的指标体系支撑，更需要合适计量方法的辅助。

5.1 区域创新系统发展阶段识别模型比较

对于区域创新系统发展阶段或区域经济发展阶段的识别，目前国内外并没有统一的计量模型，学者们往往根据研究视角差异选取不同的定量识别模型，归纳起来主要有成熟度模型、模糊贴进度模型、判别分析模型等。

5.1.1 成熟度模型

李松辉（2003）是最早对区域创新系统发展阶段进行分析的学者，他借鉴软件成熟度模型，建立区域创新系统成熟度模型。秦德智（2011）使用成熟度模型研究了企业创新能力发展水平。根据成熟度模型，区域创新系统由低到高发展的全过程可以表示为从“0”到“1”逐渐走向成熟的过程，“0”表示完全不成熟，“1”表示完全成熟。由于区域创新系统是根植于区域且不断发展的动态复杂系统，完全不成熟与完全成熟均是区域创新系统的理论状态，在实际研究中把当前发展水平最高的区域创新系统成熟度定为"1"，其他创新系统的成熟度通过与该系统对比得到，因此成熟度模型下各区域创新系统成熟分布于（0，1］之间。

根据在坐标中表示区域创新水平高低与系统成熟度值的相关性所使用线性的不同，可以将成熟度模型分为直线型成熟度与S型成熟度两种类型。

1. 直线型成熟度

设有 k 个区域创新系统，第 i 个区域创新系统的能力为 P_i，则其成熟度 M_i 可用下式确定：

$$M_i = M_0 + (1 + M_0)\frac{P_i - P_{\min}}{P_{\max} - P_{\min}} \tag{5-1}$$

式（5-1）中 $P_{\min} = \min\limits_{i}\{P_i\}$，$P_{\max} = \max\limits_{i}\{P_i\}$，$i=1, 2, \cdots, k$，$M_0$ 表示最低成熟度即对应于 $P_{\min}$ 的成熟度，M_0 可根据研究对象不同在（0，1）取值，可以看出 $P_{\max}$ 对应的成熟度为最大成熟度 $M_{\max}=1$（见图5-1）。

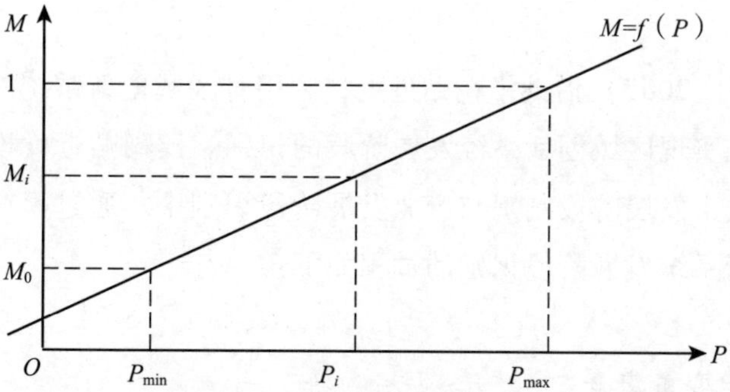

图5-1　直线型成熟度曲线

2. S 形成熟度

S 形曲线是先抑后扬型的（见图 5－2），典型的 Logistic 曲线成熟度计算公式为：

$$M_i = \frac{1}{1 + \left(\frac{1}{M_0} - 1\right) e^{-\frac{(1-M_0)(P_i - P_{\min})}{P^{*}_{\max} - P_{\min}}}} \qquad (5-2)$$

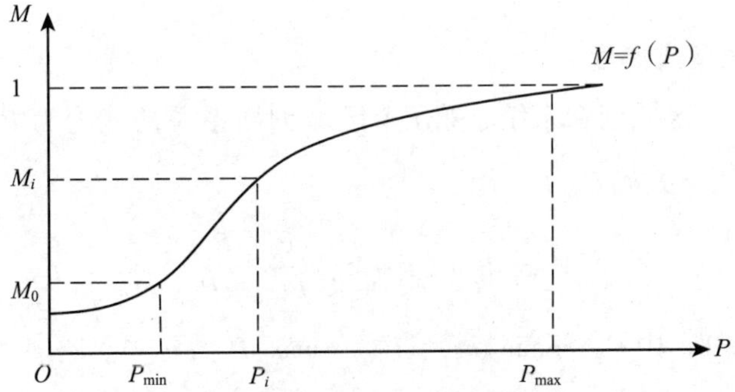

图 5－2　S 形成熟度曲线

5.1.2　模糊贴近度模型

杨剑等（2007）借助模糊贴近度，利用对区域创新系统阶段特征的定性描述，实现区域创新系统发展阶段的识别。模糊贴近度模型还被广泛应用于城市发展阶段判别与产业发展阶段识别中。通过模糊贴近度进行区域创新系统发展阶段识别的过程如下：

1. 确定变量集合

要把模糊语言变为可计算的数字，必须要通过一定的变量转换，在变量转换前，首先要明确各变量的集合。

评价指标体系集合即评价对象的因素集，设有 n 个指标那么因素集

为 $U=\{u_1, u_2, \cdots, u_n\}$。

语言变量集合，语言层次共分为 5 层，则 $V=\{v_1, v_2, \cdots, v_5\}$，即 $V=\{$非常低，比较低，一般，比较高，非常高$\}$。

设 W 为区域创新系统生命周期阶段集合，根据杨剑等（2007）划分的 5 个阶段，则 $W=\{w_1, w_2, w_3, w_4, w_5\}$。

2. 计算模糊矩阵

首先通过柯西型隶属函数求出 $U \to V$ 的关系，由决策对象的单个目标 $u_1 \in U$ 评价为论域 V 上的一个模糊子集 $\tilde{s}_i=(s_{1i}, s_{2i}, s_{3i}, s_{4i}, s_{5i})^T$，得到一个 $U \times W$ 上的模糊矩阵 $\widetilde{S}$，然后通过阶段特征描述中形成的指标特征的语言变量与阶段之间的关系，即 $V \to W$ 的关系，确定 $U \to W$ 的关系，即由决策对象的单个目标 $u_1 \in U$ 评价为论域 W 上的一个模糊子集 $\tilde{r}_i=(r_{1i}, r_{2i}, r_{3i}, r_{4i}, r_{5i})^T$，从而确定 $U \times W$ 上的一个模糊矩阵 $\widetilde{R}$。

3. 模糊阶段判定

引入特征模糊子集 $\widetilde{D}_j=(0, 0, \cdots, 1, \cdots, 0)$，第 j 个分量为 1，其他分量为 0。非对称贴进度：

$$N(\widetilde{A}, \widetilde{B}) = 1 - \frac{2}{n(n+1)} \sum_{k=1}^{n} |\mu_A(V_k) - \mu_B(V_k)| \cdot k \quad (5-3)$$

计算决策对象的单目标评价 $\tilde{r}_i$ 与特征模糊子集 $\widetilde{D}_i$ 之间的非对称贴近 $N(\tilde{r}_i, \widetilde{D}_j)$ 记为 $\widetilde{Z}_j=(z_{1i}, z_{2i}, \cdots, z_{5i})^T$，得到决策矩阵 Z。

根据决策矩阵求出参考等级理想等级 W^+ 与负理想等级 W^-，比较评价等级集合 W 中的各评价等级与理想等级和负理想等级的贴近程度：

$$\widetilde{C}_i=(C_1^+, \cdots, C_n^+)=(N(\tilde{r}_1, \widetilde{D}_j), N(\tilde{r}_2, \widetilde{D}_j), \cdots, N(\tilde{r}_n, \widetilde{D}_j)) \quad (5-4)$$

再采用对称贴近度求出 $\widetilde{C}_i$ 与 $\widetilde{C}^+$、$\widetilde{C}^-$ 的贴进度 $\delta(\widetilde{C}_i^+, \widetilde{C}^+)$、$\delta(\widetilde{C}_i^+, \widetilde{C}^-)$，比较两者的比值大小，把评价对象判定为比值最大的阶段类别中。

5.1.3 判别分析模型

王亮（2011）在其博士论文研究中采用逐步判别法对区域创新系统发展阶段进行判定，并以论文形式公开发表。判别分析也被广泛应用于区域经济发展阶段、城市发展阶段等判定中。判别分析模型又可细分为距离判别分析法、贝叶斯判别分析法、逐步判别分析法等多种方法，但其原理相同，均是通过标准参考样本建立判别函数，再对待判别样本进行判定，并检验判别效果准确度，以判断判别模型的可信度。

逐步判别分析根据贝叶斯准则计算样本属于既定各组的概率值，通过比较概率值大小，判定样本所属分组。在计算过程中，对判别参数实行“有进有出”，及计算的每一步都要对检验统计量进行检验，若算出的检验统计量小于事先给定的阈值，则判别效果不显著，对其判别参数应予以剔除，否则引入。其具体操步骤为如下。

1. 附加信息检验

设共有 m 个样本，从 m 个母样本中分别抽取 n_1，n_2，…，n_m 个样本，每个样本有 p 个判别变量，即为：

$$X_i^{(1)}(i=1,\ 2,\ \cdots,\ n_1)$$
$$X_i^{(2)}(i=1,\ 2,\ \cdots,\ n_2)$$
$$\cdots$$
$$X_i^{(m)}(i=1,\ 2,\ \cdots,\ n_m) \tag{5-5}$$

而 $X_i^{(l)}(i=1,\ 2,\ \cdots,\ n_l)$，记：

$$\bar{x}_j^{(l)} = \frac{1}{n_l}\sum_{k=1}^{n_l} x_{kj}^{(l)}$$
$$\bar{x}_j = \frac{1}{n}\sum_{l=1}^{m}\sum_{k=1}^{n_l} x_{kj}^{(l)} \tag{5-6}$$

其中，$\bar{x}_j^{(l)}$ 为 l 组中第 j 个变量的均值，$\bar{x}_j$ 为第 j 个变量的总均值。$n=\sum_{l=1}^{m}n_l$，$x_{kj}^{(l)}$ 为 l 组中第 k 个样本的第 j 个变量。

$$w_{ij}=\sum_{l=1}^{m}\sum_{k=1}^{n_l}(x_{ki}^{(l)}-\bar{x}_i^{(l)})(x_{kj}^{(l)}-\bar{x}_j^{(l)})$$

$$t_{ij}=\sum_{l=1}^{m}\sum_{k=1}^{n_l}(x_{ki}^{(l)}-\bar{x}_i)(x_{kj}^{(l)}-\bar{x}_j) \tag{5-7}$$

则 $W=(w_{ij})$ 为组内离差矩阵，$T=(t_{ij})$ 为总离差矩阵，i，$j=1$，2，…，p。

为了对 m 个母样本建立判别矩阵，需要检验：

$$H_0: \mu_1=\mu_2=\cdots=\mu_m \tag{5-8}$$

其中，μ_1，μ_2，…，μ_m 为各母样本的数学期望，当 H_0 被接受时，说明区分 m 个样本是没有意义的，在此基础上建立的判别函数效果不高。当 H_0 被拒绝时，说明总样本内各样本是有区别的，因此建立判别函数才具有意义。可以通过维尔克斯（Wilks）统计量 $\Lambda=\frac{|W|}{|T|}$实现该检验。

统计量 $F=\left(\frac{\Lambda_{p-1}}{\Lambda_p}-1\right)\frac{[n-(p-1)-m]}{m-1}$服从 $F(m-1,\ n-(p-1)-m)$ 分布。用以来检验给定前 $p-1$ 个指标下，再增加第 p 个指标是否提供附加信息。

2. 变量的引入与剔除

引入变量和剔除变量都需要使用附加信息检验进行统计检验。假设前面 l 步已经引入了 l 个变量，$l+1$ 步引入的新变量为 x_r，则须首先检验引入 x_r 后附加信息有无增加，即有无提供新的辨别能力。由附加信息检验准则可以得到引入变量 x_r 的检验统计量：

$$F_{lr}=\frac{1-V_r}{V_r}\frac{n-l-m}{m-1} \tag{5-9}$$

其中，$V_r = \frac{w_{rr}^{(l)}}{t_{rr}^{(l)}}$，$F_{lr}$服从 $F(m-1,\ n-l-m)$。

在未选入的变量中选择使 V_r 达到最小的变量 x_r，当 $F_r > F(m-1,\ n-l-m)$ 时认为变量 x_r 提供了附加信息，x_r 入选。对于已入选的 l 个变量，需要考虑新变量 x_r 入选后对其重要性有无较大影响，应及时剔除不能提供附加信息的变量，剔除的检验方法与引入的方法相同。逐步判别的过程就是不断引入和剔除变量的过程，一旦既不能引入又不能剔除，则表示逐步判别的计算过程结束。

3. 判别函数与判别规则

假设最终引入 l 个变量，并得到最终变换矩阵（$w_{ij}^{(l)}$），则第 k 组的判别函数为：

$$f_k = \ln q_k + c_{k0} + \sum_{j \in l} c_{kj} x_j \tag{5-10}$$

其中，$q_k = \frac{n_k}{n}$，$c_{kj} = (n-m) \sum_{i \in l} w_{ij}^{(l)} \bar{x}_{ki}$，$c_{k0} = \frac{1}{2} \sum_{i \in l} c_{ki} \bar{x}_{ki}$，$k = 1, 2, \cdots, m$。

判别函数建立以后，即可对任一样本 $X = (x_1,\ x_2,\ \cdots,\ x_p)$ 进行判别，将样本带入各组的判别函数计算得到判别函数值 f_1，f_2，…，f_m，若 $f_g = \max\limits_{1 \leqslant k \leqslant m} \{f_k\}$，则样本判定属于 g 组。

4. 判别函数检验

为了检验引入判别函数的 l 个变量区分 m 个组的能力，可采用巴特利特（Bartlett）给出的 x^2 分布的近似式：

$$x^2(l(m-1)) \approx -\left(n - 1 - \frac{l+m}{2}\right) \cdot \ln V \tag{5-11}$$

其中，V 为 Wilks 统计量：

$$V = \frac{w_{r0}^{(0)}}{t_{r0}^{(0)}} \cdot \frac{w_{r1}^{(1)}}{t_{r1}^{(1)}} \cdots \frac{w_{r(l-1)}^{(l-1)}}{t_{r(l-1)}^{(l-1)}} \tag{5-12}$$

5.1.4　模型优缺点比较

以上三种方法是目前对于区域创新系统发展阶段进行识别的主要方法，也均在企业发展阶段、区域发展阶段识别等实践中被使用。对以上三种常用计量方法的特点进行总结对比得到表 5－1。

表 5－1　　区域创新系统发展阶段识别常用模型比较

	指标获取	标准设定	阶段设定	优点	缺点
成熟度模型	客观	当期最大	根据成熟度值划定	指标获取客观，评价标准客观	阶段划分标准不客观
模糊贴近度模型	主观	经验指标	预设阶段	阶段特征明确	缺乏客观指标
判别分析模型	客观	选取样本	预设阶段	指标获取客观	阶段特征由选取样本决定

成熟度模型的基本思路是先通过综合评价方法，获得对区域创新系统的综合评价得分，再结合现实样本所处成熟度范围的判断，设定成熟度模型相关参数，通过计算获取区域创新系统成熟度值，进而参考不同发展阶段成熟度值范围，判断区域创新系统所处阶段。这种方法的优点在于评价指标的选取通常以客观指标为主，通过主成分分析、层次分析法等方法得到的系统综合评价值比较客观，即评价的客观性较高。但成熟度模型是对某一时期多个对象的比较评价，即成熟与否是通过比较得到，虽然相对更为客观，但忽略了对系统自身发展阶段性特征的把握。

模糊贴近度模型的基本思路是先通过区域创新系统各发展阶段的特征描述、总结、归纳出相应的指标及阶段特征指标的定性描述，然后通过专家打分法对待判定样本进行专家打分，最后根据专家打分通过计算判断样本特征更贴近某一阶段的特征描述，进而判定该样本属于相应的发展阶段。这种方法的优点在于对于区域创新系统发展阶段划分及阶段特征描述，能够得到相关理论基础的支撑，阶段评价过程不依赖于样本间的综合比较评价，而更多地考虑了系统发展的自身阶段规律。其缺点在于阶段识别指标往往以主观评价指标为准，评价指标数量受到限制，客观指标也相对缺乏，因此人为判断因素的影响较大。

判别分析模型的基本思路是先在整体中选取部分样本作为阶段标准，即先进行初判，并根据这些样本的各项指标特征求出判别函数，然后通过判别函数对余下样本的发展阶段进行判断，最后再对判别函数的误判率进行检验，以判断判别函数的可信度是否达到要求，进而最终确定各样本的发展阶段。这种方法的优点在于，根据相关理论与实践经验划分发展阶段更加严谨，进行阶段判别所依据的指标值是客观指标，且能通过适当的方法对指标数量进行筛选而获得关键识别指标。其缺点在于对于各发展阶段的特征把握需要依赖选取的参考样本，即首先要选取各发展阶段的典型样本作为其他样本阶段判定的参考标准，因此，对样本的阶段判别也并非依据理论上的各阶段特征，而是依赖于预判的准确性，虽然能够通过判别函数检验保证判别函数的区分度，但是仍难以消除初始预判中人为因素的巨大影响。

通过以上对于三种区域创新系统发展阶段识别方法的比较可以看出，各方法各有优缺点，且优缺点之间相互弥补，因此本书把以上三种方法进行综合改进，建立区域创新系统发展阶段识别的“灰色关联预判—判别分析检验”模型（见图5－3），即借鉴成熟度模型的客观性改进模糊贴进度与判别分析的主观性，建立区域创新系统各发展阶段特征指标的理想值体系，进而选取灰色关联分析进行各区域创新系统发展阶段的预判，最后通过判别分析对预判结果的有效性进行检验和修正。

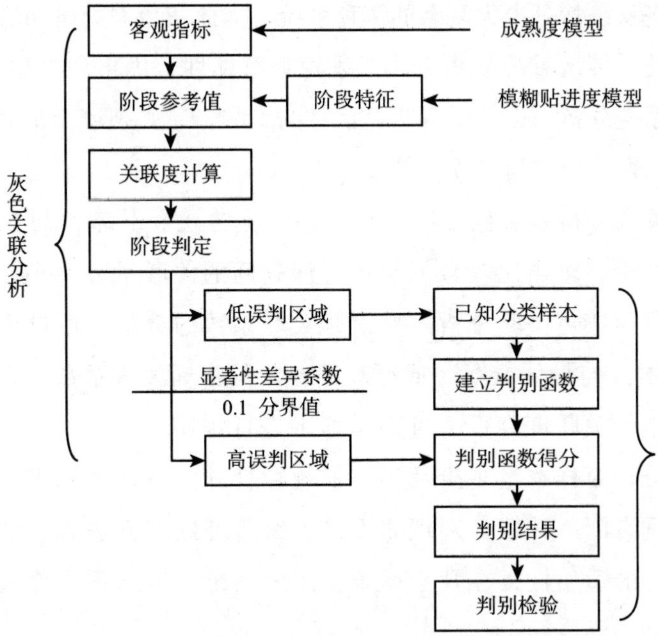

图 5－3　区域创新系统发展阶段识别模型构建思路

5.2

区域创新系统发展阶段灰色关联预判模型

区域创新系统发展阶段识别的“灰色关联预判—判别分析检验”模型，包括阶段预判与检验两个子模型，“灰色关联预判”的实施步骤如下。

5.2.1　灰色关联分析原理

灰色系统是由我国著名学者邓聚龙（1982）在 20 世纪 70 年代末 80 年代初提出的，控制论中将信息不完全的系统统称为“灰色系统”，而由于现实研究中不可能实现对系统边界、系统要素、系统内部结构、系统运行机制、系统环境等信息的完全把握，严格意义上来说任何自然、社会、经济系统均是庞大复杂的灰色系统，因此灰色系统分析方法具有广泛适用性。传统系统分析方法必须遵循整体性、优化和模型化原则，对于灰色系统分析而言，受到灰色信息的影响，还必须遵循信息非完全性、非唯一性、现实信息优先等原则。

灰色关联分析是灰色系统理论的最基本方法，其基本思想是根据空间数学理论，求出比较数列与参考序列间的关联系数大小，以此作出综合评判。灰色关联分析实质上是关联系数的分析，通过求解各方案（或样本）与最佳方案（或比对样本）的指标关联系数，得到各样本与比对组的关联度高低，进而对样本进行排序、分析、分类等。灰色关联度分析对样本量多少及样本的规律性并没有严格要求，对于解决统计数据有限、数据分别规律不显著等传统数理方法难以解决的问题具有很好的适用性，在社会系统、经济系统、生态系统等灰色系统研究中得到广泛应用。

5.2.2 阶段理想指标集

设有 n 个评价对象，m 个指标，则第 i 个对象可表示为矩阵 $X_i = [x_{i1}, x_{i2}, \cdots, x_{im}]$，全部 n 个对象的 m 个指标共同构成指标矩阵：

$$X = \begin{bmatrix} x_{11} & x_{12} & \cdots & x_{1m} \\ x_{21} & x_{22} & \cdots & x_{2m} \\ \vdots & \vdots & \ddots & \vdots \\ x_{n1} & x_{n2} & \cdots & x_{nm} \end{bmatrix} \tag{5-13}$$

区域创新系统起步、成长、成熟各发展阶段的理想指标集是由各阶段的理想指标集合而成，特定阶段的理想指标集并不来自同一样本，而是通过逐个指标阶段理想值选取并集合而成，各指标的各阶段理想值是基于指标值的统计分布规律选取的，具体选取方法如下。

我国自 1988 年建立北京中关村科技园始，重视区域创新对于国家创新发展的支撑作用，经过二十多年的发展到 2014 年初全国 31 个省、市、区范围内已经建立了 114 个国家级高新区，同时还设立 3 个国家自主创新示范区与 1 个国家自主创新试验区，加上各省设立的众多省级高新区、科技园等，我国区域创新系统已经形成对国家创新系统的多级支撑局面。自 2003 年国家科技部在“区域创新体系建设研究工作研讨会”中明确提出“着力提高区域创新能力”已过去十年，因此有理由相信我国各级区域创新系统的发展已经历经相当长时期的准备与发展，即便发展最为缓慢、落后的地区也已进入起步阶段。本研究选取的指标均为正向指标，即越大越好的指标，结合区域创新系统起步阶段特征（各项指标均较低），起步阶段的特征指标集为 $X_{起步}=[x_{起步1}, x_{起步2}, \cdots, x_{起步m}]$ 中各项指标以 $x_{起步j}=\min(x_{ij})(j=1, 2, \cdots, m)$ 为理想特征值。

自改革开放以来我国经济经历了三十多年的快速发展，科技水平突飞猛进，高技术产业从无到有，从技术纯进口国走向技术输出国的大军中。当前我国经济面临持续高增长的产业升级压力，而创新成为我国产业不断高端化从而实现发展方式转变的关键推动力，以创新推动的经济增长要远高于传统经济的增长速度，因此我国整体处于创新高速发展期，各省区域创新发展也多处于成长阶段。结合第 3 章对于区域创新系统成长阶段的特征分析，有理由认为我国省域区域创新系统的成长阶段多数指标以全国平均水平为各项指标的理想代表值。因此区域创新系统成长阶段的理想特征指标集为 $X_{成长}=[x_{成长1}, x_{成长2}, \cdots, x_{成长m}]$，$x_{成长j}=average(x_{ij})(j=1, 2, \cdots, m)$。

成熟阶段的主体、投入、内容、产出及各项效率值均应该已经达到相当水平，胡锦涛在 2006 年全国科技大会上提出我国到 2020 年基本建成创新型国家，这说明我国整体创新水平有限；根据中国科学发展战略研究小组公布的《中国区域创新能力报告 2012》中对于我国省域区域发展阶段的判定，目前我国仅有 6 个省份进入“创新驱动阶段”，约占我国省份的 20%，据此现实基础可以判断我国各省区域创新系统发展的最高阶段也仅仅进入成熟阶段，且最多 20% 的省份区域创新系统进入成熟阶段。

本书研究选取的指标均为正向指标，即越大越好的指标，结合区域创新系统成熟阶段特征（各项指标均较高），其他各项指标以 $x_{成熟j}=(\max(x_{ij})-\min(x_{ij}))\times 80\%+\min(x_{ij})(j=1, 2, \cdots, m)$ 为理想特征值，进而得到成熟阶段特征指标集 $X_{成熟}=[x_{成熟1}, x_{成熟2}, \cdots, x_{成熟m}]$。

进而得到区域创新系统不同阶段的理想指标集 $X_{成熟}=[x_{成熟1}, x_{成熟2}, \cdots, x_{成熟m}]$，$X_{成长}=[x_{成长1}, x_{成长2}, \cdots, x_{成长m}]$，$X_{起步}=[x_{起步1}, x_{起步2}, \cdots, x_{起步m}]$。

5.2.3 指标权重确定

主观赋权法是根据专家学者的经验判断确定各指标权重的方法，该赋权方法受研究者主观因素影响较大。客观赋权法是根据样本各指标值分布的统计学特征，通过数学方法加以计算而确定各指标权重的方法，能避免研究者主观因素的影响，却也降低了各指标权重的理论与现实意义。因此，本书根据各级指标的特征不同，综合使用两种方法进行赋权。

为了充分保留基础数据的客观分布规律，四级指标即测量指标，采用熵值法进行赋权，各指标权重为：

$$p_{xj}=\frac{\sigma_{xj}}{\sum_{xj\in c}\sigma_{xj}} \tag{5-14}$$

式中，p_{xj} 为四级指标 xj 在三级指标中的权重，σ_{xj} 为指标 xj 的标准差，$\sum_{xj\in c}\sigma_{xj}$ 同一个三级指标所属的全部四级指标 xj 的标准差之和。

本书认为区域创新系统的 12 大创新要素对于区域创新系统发展的作用均不可忽视，由要素间相互作用产生的主体合作、投入流动、内容扩散、产出效率也均相当重要，因此这 16 个三级指标以等权重赋权作为二级指标值及区域创新系统发展水平综合值的指标合成计算方法。即：

$$p_{c1}=p_{c2}=\cdots=p_{c16} \tag{5-15}$$

且 $p_{B1}=p_{B2}=p_{B3}=p_{B4}$，把各级指标相对于上一级指标的权重之和均设定为“1”，因此得到四级指标 xj 相对于一级指标的权重 $p_j=\frac{1}{4}\times\frac{1}{4}\times p_{xj}$，最终得到指标权重向量：

$$P=[p_1, p_2, \cdots, p_m] \tag{5-16}$$

5.2.4　灰色关联度计算

将指标矩阵与最优指标集一起进行标准化处理，得到经过标准化处理后的最优指标集 $X'_{成熟}=[x'_{成熟1}, x'_{成熟2}, \cdots, x'_{成熟m}]$，$X'_{成长}=[x'_{成长1}, x'_{成长2}, \cdots, x'_{成长m}]$，$X'_{起步}=[x'_{起步1}, x'_{起步2}, \cdots, x'_{起步m}]$ 分别作为参考数列，统一记作 $X'_0=[x'_{01}, x'_{02}, \cdots, x'_{0m}]$。经标准化处理后的第 i 个样本指标值 $X'_i=[x'_{i1}, x'_{i2}, \cdots, x'_{im}]$ 作为被比较数列，那么第 i 个样本的第 j 个指标与各阶段理想指标的关联系数为：

$$\xi_{ij}=\frac{\min\limits_i \min\limits_j |x'_{0j}-x'_{ij}|+\rho \max\limits_i \max\limits_j |x'_{0j}-x'_{ij}|}{|x'_{0j}-x'_{ij}|+\rho \max\limits_i \max\limits_j |x'_{0j}-x'_{ij}|} \tag{5-17}$$

其中，分辨率 $\rho\in[0, 1]$，这里为了获得较大的分辨度取 $\rho=0.2$。进而获得样本与各阶段的关联系数矩阵如 E 所示。

$$E=\begin{bmatrix} \xi_{11} & \xi_{12} & \cdots & \xi_{1m} \\ \xi_{21} & \xi_{22} & \cdots & \xi_{2m} \\ \vdots & \vdots & \ddots & \vdots \\ \xi_{n1} & \xi_{n2} & \cdots & \xi_{nm} \end{bmatrix} \tag{5-18}$$

$\xi_{ij}(i=1, 2, \cdots, n; j=1, 2, \cdots, m)$ 表示第 i 个样本的第 j 个指标与最优指标的关联系数。

令 $R=[r_1, r_2, \cdots, r_n]^T$ 为 n 个样本的综合评价结果矩阵，其中 r_i $(i=1, 2, \cdots, n)$ 表示第 i 个样本与各阶段理想样本的综合关联程度。

$$R=\begin{bmatrix} r_1 \\ r_2 \\ \vdots \\ r_n \end{bmatrix}=E\times P^T=\begin{bmatrix} \xi_{11} & \xi_{12} & \cdots & \xi_{1m} \\ \xi_{21} & \xi_{22} & \cdots & \xi_{2m} \\ \vdots & \vdots & \ddots & \vdots \\ \xi_{n1} & \xi_{n2} & \cdots & \xi_{nm} \end{bmatrix}\times\begin{bmatrix} p_1 \\ p_2 \\ \vdots \\ p_m \end{bmatrix} \quad (5-19)$$

可见，$r_i(i=1, 2, \cdots, n)$ 的大小能够反映评价对象的综合优劣程度。其值越大，则样本越接近各阶段的理想样本，越小则样本越差。

5.2.5 发展阶段预判

最后比较各样本与各阶段关联程度值的大小，便可以判定其所属的发展阶段，样本与某阶段理想样本的关联程度最高则样本就属于该阶段。如第 i 个样本与起步、成长、成熟各阶段理想样本的综合关联程度分别为 $r_{i起步}$、$r_{i成长}$、$r_{i成熟}$，求：

$$r_{ip}=\max\{r_{i起步}, r_{i成长}, r_{i成熟}\} \quad (5-20)$$

其中，$p\in$(起步，成长，成熟)，则样本 i 正处于区域创新的 p 阶段。

5.3 区域创新系统发展阶段判别分析检验模型

党耀国与刘思峰等（2005）理论推导证明了当聚类显著性差异系数 $r_i^{(1)}-r_i^{(2)}$ 较小时容易出现类别所属不清的状况，其中 $r_i^{(1)}$ 为样本 i 与各阶段理想样本的最大关联度值，$r_i^{(2)}$ 为次大关联度值。因此有必要通过以阶段判别无差错风险的样本为参照样本建立判别分析函数，依据此判别分析函数对误判风险较大的样本进行阶段判别检验和调整。

5.3.1 判别分析基本原理

判别分析（discriminant analysis，DA）由费舍（R. A. Fisher）于

1936 年提出的。最初被用于通过测量的地质数据对岩石类型等进行判别，进而确定地质构造、矿产分布等。而后，判别分析被引入到医学领域，用于根据患者各项化验指标确定就诊者是否患病及病情发展状况。目前，判别分析已广泛应用于动植物分类、心理测量、人员选拔等各领域中。

判别分析本质上就是把未知分组样本的各指标与已知分组样本指标进行比较，确定其对各组的相近程度。具体而言就是根据已知分组样本的指标值特征建立分组与特征变量的函数关系，即为判别函数；把未知分组的样本指标值带入求取函数值，并据此判别其分组。

5.3.2　已知分组样本选取

判别分析实施的第一步是已知分组样本的选择，已知分组样本是否可信是判别分析结果是否准确的关键。判别分析必须满足两大条件：一是组类至少应为两个或两个以上，且每组应至少有一个样本；二是各组样本在判别指标上应有足够的差异。因此，已知分组样本的各指标要具有显著的区别度，即各类或各组已知样本间要具有较大的差异性，区分度不足会降低判别函数的显著性；这就要求已知分组样本因变量的分组标准要尽可能客观、准确和可靠，这样建立起来的判别函数才能起到准确判别的效果；已知分组样本应具有一定的样本量，样本量过小、样本之间指标差异过大会造成判别函数的误差增大。

本书使用判别分析的目的有两个：一是检验区域创新系统发展阶段灰色关联预判模型的有效性，即通过对灰色关联分析获得的区域创新系统发展阶段判别结果进行检验，确定误判概率，验证阶段预判结果是否可信；二是对创新系统发展阶段误判风险较高的区域进行验证和调整，借助阶段误判风险较低的样本建立的判别函数，对误判风险较高的区域进行再次判定，根据判定结果对相应区域创新系统发展阶段判别结果进行调整，降低阶段误判风险，提高判别准确度。

数理统计分析中常把0.1作为显著性判别的依据，因此本研究把样本与各阶段特征指标集的最大与次大综合关联程度之差，即显著性差异系数是否大于0.1作为阶段关联度差异是否显著的标志。若 $r_i^{(1)} - r_i^{(2)} \geqslant 0.1$ 则认为阶段关联度差异显著，该样本不存在阶段误判风险，可作为判别分析的已知分组样本；若 $r_i^{(1)} - r_i^{(2)} < 0.1$ 则认为阶段关联度差异不显著，该样本存在较大的阶段误判风险，需要进行阶段预判待检验。因而选取显著性差异系数 $r_i^{(1)} - r_i^{(2)} \geqslant 0.1$ 的样本作为已知分组样本，用于建立判别函数。

5.3.3 判别函数建立

由于区域创新系统发展阶段识别指标体系共有56个四级指标，如果直接以四级指标建立判别函数难以避免各变量之间的相关度过高而降低判别函数的有效性，因此本书首先根据指标权重计算得到各区域的4个二级指标值，再根据创新主体、创新投入、创新内容、创新产出等4个二级指标值求判别函数。

根据4个二级指标变量得到最终变换矩阵（$w_{ij}^{(4)}$），则第 k 组的判别函数为：

$$f_k = \ln q_k + c_{k0} + \sum_{j \in l} c_{kj} x_j \tag{5-21}$$

其中，$q_k = \frac{n_k}{n}$，$c_{kj} = (n-m) \sum_{i \in l} w_{ij}^{(4)} \bar{x}_{ki}$，$c_{k0} = \frac{1}{2} \sum_{i \in l} c_{ki} \bar{x}_{ki}$，$k$ = 起步，成长，成熟。

5.3.4 阶段判别检验及调整

判别函数建立以后，将阶段判别可能存在误判的区域 $X = (x_1, x_2, \cdots, x_p)$ 代入各阶段的判别函数计算得到判别函数值 $f_{起步}$，$f_{成长}$，

$f_{成熟}$，若 $f_g = \max\limits_{1 \leqslant i \leqslant m} \{f_i\}$，则样本判定属于 g 组，进而对灰色关联阶段预判结果进行修正。同时根据整体误判概率及各阶段误判概率，能够判断灰色关联预判模型的可信度及有效性。依据数理统计原理，这里认为误判率低于 10% 则灰色关联预判模型可信度很高，误判率低于 20% 则认为灰色关联预判模型可信度较高，否则认为该模型可信度偏低而有待改进。

第 6 章

基于省域划分的区域创新系统发展阶段识别应用

我国自 2006 年提出建设创新型国家，并确定在“十一五”及以后一段时期内将充分结合区域经济和社会发展的特色和优势，统筹规划区域创新系统和创新能力建设，深化地方科技体制改革，建设各具特色和优势的区域创新系统，推动国家创新体系成长，争取到 2020 年基本进入创新型国家行列。然而，我国地域广阔，各地区在经济发展水平、对外开放、产业结构、资源禀赋、文化环境等多方面存在较大差异，而区域创新系统的建设与发展也存在类似的差异。《中国区域创新能力报告 2012》显示，我国各区域创新能力差距明显，创新发展阶段不同，创新能力发展速度差异显著。本章从创新主体、创新投入、创新内容与创新产出角度对我国区域创新发展进行整体把握，利用区域创新系统发展阶段识别指标体系、识别与检验模型，对我国大陆地区除西藏之外的 30 个区域创新系统发展阶段进行实证研究。

6.1 省域区域创新系统发展现状

以上文对于区域创新系统结构与要素的界定，从创新主体、创新投入、创新内容、创新产出四个维度分析我国大陆地区 31 个省市区的区域创新系统发展特征。

6.1.1　区域创新主体

1. 创新企业集聚东部

东部地区是我国工业最发达的地区，集聚了全国 59.5% 的规模以上工业企业，同时东部地区也是企业创新的集聚区。2012 年全国有 R&D 活动的规模以上工业企业达到 47 204 家，占到规模以上工业企业总数的 13.7%；其中东部地区 35 621 家（约占全国总数的 75.5%），占该地区规模以上工业企业总数的 17.4%，远高于中西部及东北 8.3% 的平均水平；其中以江苏总量最大，其 R&D 活动的规模以上工业企业 11 133 家，约占到全国总数的 23.6%；北京有 R&D 活动的规模以上工业企业比重最高达到 26.7%。

全国有研发机构的规模以上工业企业达到 38 864 家，占到规模以上工业企业总数的 11.3%；其中东部地区 30 537 家（约占全国总数的 78.6%），占该地区规模以上工业企业总数的 14.9%，远高于中西部及东北 6.0% 的平均水平；其中江苏的总量及比重均为全国最高，其有研发机构的规模以上工业企业达 14 660 家，约占到全国总数的 37.7%，占该省规模以上工业企业总数的 32.0%（见图 6-1）。

从企业办科研机构总数来看，2001 年全国大中型工业企业办科研机构仅 7 601 家，其中东部地区 4 091 家占到总数的 53.8%；到 2010 年，全国大中型工业企业办科研机构已经增长到 16 717 家，其中东部 11 288 家增速最快，在全国的占比已经达到 67.5%。之后统计口径发生变化，从规模以上工业企业办科研机构来看，2008 年东部地区仅 17 958 家，占全国的 68.6%，到 2012 年东部地区规模以上工业企业办科研机构已达 35 314 家，超过 2011 年全国总量，占全国的比重也飙升到 76.9%（见图 6-2）。

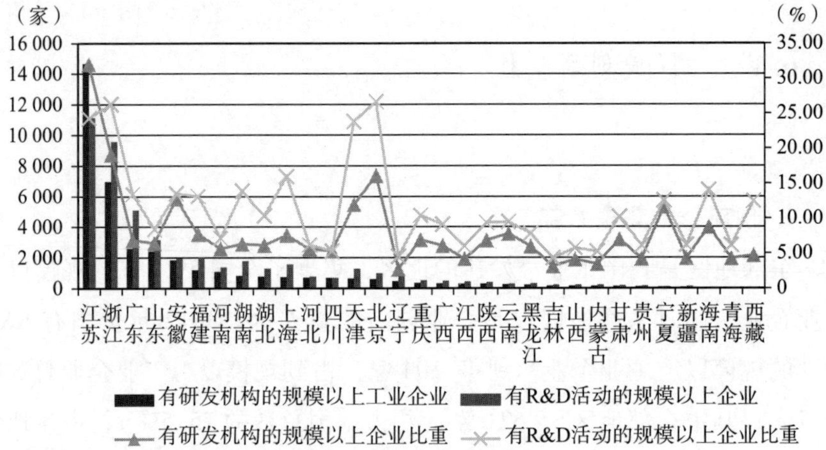

图 6－1　2012 年 31 个省市区规模以上工业企业参与 R&D 活动状况

资料来源：2013 年中国科技统计年鉴。

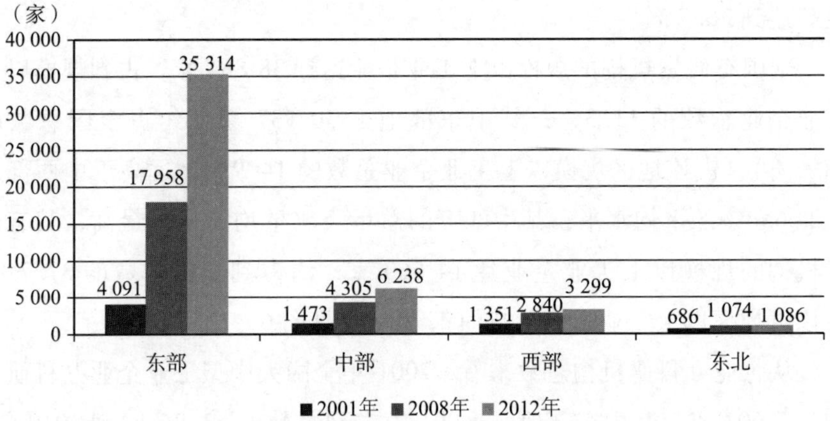

图 6－2　四大区域规模以上工业企业办科研机构数量变化

资料来源：2002～2013 年中国科技统计年鉴，2000 年为“大中型工业企业办科研机构”，2008 年以后统计口径为“规模以上工业企业办科研机构”。

2. R&D 研发机构区域梯度分布

2012 年我国 R&D 研发机构总数达到 3 674 家，其中 1 433 家位于东部地区，约占全国的 39%。从各省 R&D 研发机构数量分布来看呈现显著的梯度特征（见图 6－3）：北京以 379 家居首，占全国总量的

10.3%；山东以 225 家居第二位；广东、黑龙江、山西、四川和辽宁介于 165～184 家之间，处于第三梯度；湖北、江苏等全国多数地区的 R&D 研发机构数处于 50～150 家之间，为第四梯度；海南、重庆、青海、宁夏和西藏等地区均低于 50 家，远落后于其他地区，处于第五梯度。

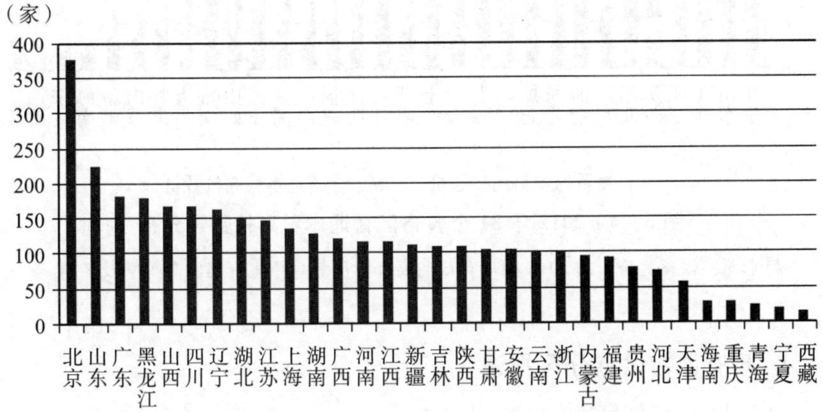

图 6－3 2012 年 31 个省市区研发机构数量

资料来源：2013 年中国科技统计年鉴。

3. 高校聚集于中心城市

高校不仅是创新的集聚地，更是创新型人才的培养基地。2012 年我国本科及专科培养层次的普通高校数量达到 2 442 所，其中普通本科高校 844 所，占高校总数的 34.6%。而 58.9% 的普通本科高校位于省会或直辖市等区域核心城市，除北京、上海、天津和重庆等直辖市全部高校位于城市外，以兰州聚集了甘肃 73.3% 的普通本科高校为最高，南宁聚集广西 36.3% 的普通本科高校为最低。从普通本科高校的数量排名来看，北京 57 所、上海 31 所、西安 30 所、武汉 28 所、广州 24 所、南京 23 所、哈尔滨 23 所、沈阳 20 所、天津 19 所和长春 19 所成为我国普通本科以上高校的十大聚集地（见图 6－4）。

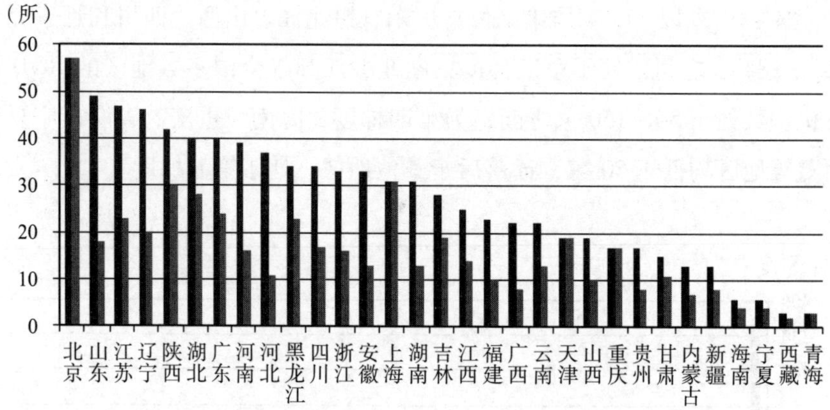

图 6-4　2012 年 31 个省市区普通本科高校数量分布

资料来源：教育部公布的 2012 年具有普通高等学历教育招生资格的高等学校名单。

4. 政府创新试点分区推进

(1) 国家高新区。

我国自 1988 年建立第一个国家高新区——北京中关村起，至 2014 年初已相继确立了 114 个国家高新区和 4 个国家自主创新示范区。在国家政策的支持下，国家高新区的建设日臻成熟，创新体系和整体功能渐趋完备，自主创新和辐射能力强劲，创新和创业文化氛围良好，成为引领全国高新技术产业化的主战场。《2012 中国火炬统计年鉴》数据显示，2011 年 88 个国家高新区内高新技术企业 17 901 家、年末从业人员 375.2 万人、营业总收入 38 690.4 亿元、工业总产值 34 819.1 亿元、利润 2 493.7 亿元、上缴税费 1 719.4 亿元、出口创汇 1 935.7 亿美元，分别占到全国高技术产业的 82.6%、32.7%、39.4%、44.2%、47.5%、22.0% 和 30.5%，国家级高新区集聚全国 30% 以上的高技术产业（见表 6-1）。

表 6－1　　我国国家高新区区域分布情况

区域		国家高新区名称	总数	占比（%）
东部	京津冀	北京中关村、天津、石家庄、燕郊、保定、唐山、承德	7	6.1
	长三角	上海张江、上海紫竹、南京、苏州、无锡、常州、泰州、昆山、江阴、徐州、常州武进、杭州、宁波、绍兴、温州、南通、衢州	17	14.9
	珠三角	广州、中山、深圳、佛山、惠州、珠海、东莞、肇庆、江门	9	7.9
	其他	济南、青岛、威海、潍坊、淄博、济宁、烟台、临沂、泰安、福州、泉州、厦门、莆田、漳州、海口	15	13.2
中部		武汉、襄阳、宜昌、孝感、长沙、株洲、衡阳、益阳、湘潭、合肥、蚌埠、芜湖、马鞍山慈湖、郑州、洛阳、安阳、南阳、新乡、南昌、新余、景德镇、鹰潭、太原、荆门	24	21.1
西部		西安、宝鸡、杨凌、渭南、咸阳、榆林、成都、绵阳、自贡、乐山、重庆、兰州、白银、昆明、玉溪、贵阳、银川、青海、乌鲁木齐、昌吉、包头、南宁、柳州、桂林、呼和浩特金山、石嘴山、石河子	27	23.7
东北		哈尔滨、长春、大庆、吉林、延吉、齐齐哈尔、长春净月、本溪、沈阳、大连、鞍山、辽阳、营口、通化、阜新	15	13.2

资料来源：原科学技术部火炬高技术产业开发中心 http：//www. chinatorch. gov. cn/gxq/index. shtml。

《2012 中国火炬统计年鉴》数据显示，2011 年 88 家国家级高新区专利申请量达到 169 161 件，其中发明专利申请 79 693 件，占全国发明专利申请量的 15.2%；专利授权总量 88 238 件，其中发明专利授权 29 438 件，占全国企业授权发明专利的 50.7%；高新区企业拥有有效专利 305 223 件，其中有效发明专利 104 436 件，占全国拥有量的 15.0%；企业参与的科技项目数量达到 19.6 万项，有 175 家企业参与制定并形成了若干国际标准，1 660 家企业参与制定并形成若干国家或行业标准，显示出较强的技术实力和行业竞争力。

我国已建立起了多层次的高新区创新体系，基本建成高新区点、线、面的横纵向创新系统，实现了资源集聚、主体培育、成果转化、扩散带动的作用，成为区域创新系统中的强力增长极和创新型国家建设过程中的重要助推器。

（2）创新型城市试点。

如表6－2所示。

表6－2　　国家创新型城市试点地区

区域	数量	城市
东部	25	深圳、青岛、厦门、广州、南京、杭州、济南、苏州、无锡、烟台、北京海淀区、天津滨海新区、唐山、上海杨浦区、宁波、嘉兴、海口、连云港、秦皇岛、扬州、泰州、盐城、湖州、济宁、南通
中部	9	合肥、长沙、洛阳、武汉、郑州、宜昌、萍乡、南阳、襄阳
西部	11	西安、成都、包头、重庆沙坪坝区、兰州、昌吉、石河子、西宁、呼和浩特、遵义、乌鲁木齐
东北	3	大连、沈阳、哈尔滨

创新型城市是指主要依靠科技、知识、人力、文化、体制等创新要素驱动发展的城市，对区域创新具有高端辐射与引领作用。2008年深圳成为我国第一个国家创新型城市试点，至2013年全国创新型城市试点已达48个，2010年4月科技部印发《关于进一步推进创新型城市试点工作的指导意见》和《创新型城市建设监测评价指标（试行）》，成为推动区域创新系统建设的支点城市和重要驱动力量。

（3）国家级改革试验区。

如表6－3所示。

国家综合配套改革试验区是在我国社会经济改革进入“全面、系统”深化改革阶段提出的，与以往的经济特区、经济开发区相比，它具有显著特点：一是改革的驱动力从国家政策支持转向地方制度自主创新；二是改革的深度从单纯的经济发展转向复杂的综合改革，综合配套

表 6－3　　国家级改革试验区

类别	试点类型	名称
国家综合配套改革试验区	综合	上海浦东新区综合配套改革试点、天津滨海新区综合配套改革试验区、深圳市综合配套改革试点
	统筹城乡	重庆市全国统筹城乡综合配套改革试验区、成都市全国统筹城乡综合配套改革试验区
	全国资源节约型和环境友好型社会建设	武汉城市圈全国资源节约型和环境友好型社会建设综合配套改革试验区、长株潭城市群全国资源节约型和环境友好型社会建设综合配套改革试验区
	新型工业化	沈阳经济区国家新型工业化综合配套改革试验区
	资源型经济转型	山西省国家资源型经济转型综合配套改革试验区
	两岸交流合作	厦门市深化两岸交流合作综合配套改革试验区
	现代农业改革	黑龙江省现代农业综合配套改革试验区
国家综合改革试验区	金融综合改革	温州市金融综合改革试验区、珠三角金融改革创新综合试验区、泉州金融综合改革试验区
	国际贸易综合改革	义乌市国际贸易综合改革试点
国家级新区		上海浦东新区、天津滨海新区、重庆两江新区、浙江舟山群岛新区、甘肃兰州新区、广东南沙新区
国家自主创新示范区		北京中关村国家自主创新示范区、武汉东湖国家自主创新示范区、上海张江国家自主创新示范区、合芜蚌自主创新综合试验区

资料来源：中国中央人民政府门户网站政策文件，http：//www. gov. cn/zhengce/xxgk-zl. htm。

改革试验区更加注重社会经济各个层面的体制改革和创新，包括强调经济增长的质量，强调行政管理体制改革和强调社会发展和公共服务三个方面；三是改革的广度从单一的城市发展转向整体的区域进步，更加注重地区间的统筹兼顾与协调发展，做到城乡之间、城市与区域之间、城市与国家整体战略之间的统一发展。截至 2013 年国务院已经批准了 11 个国家级综合配套改革试验区和 4 个综合改革试验区。

国家级新区是指新区的成立乃至于开发建设上升为国家战略，总体发展目标、发展定位等由国务院统一进行规划和审批，相关特殊优惠政策和权限由国务院直接批复，在辖区内实行更加开放和优惠的特殊政策，鼓励新区进行各项制度改革与创新的探索工作。截至 2013 年底，我国共设立 6 个国家级新区。

从区域分布来看（如图 6－5 所示），东部地区总数占到全国改革试验与示范区域总数的 56%，然而各区的试验区建设的目的不同。国家综合改革配套试验区中，西部地区的重庆与成都以统筹城乡为目标，中部地区的武汉城市圈和长株潭城市群试验资源节约和环境友好型社会建设，东北老工业基地的沈阳试验新型工业化，粮仓黑龙江试点现代农业，资源大省山西试点资源型经济转型，台海交流前线的厦门试点两岸交流合作。国家综合改革试验区中温州、泉州与珠三角等经济发达地区试点金融改革与创新，小商品交易中心义乌试点国际贸易改革。

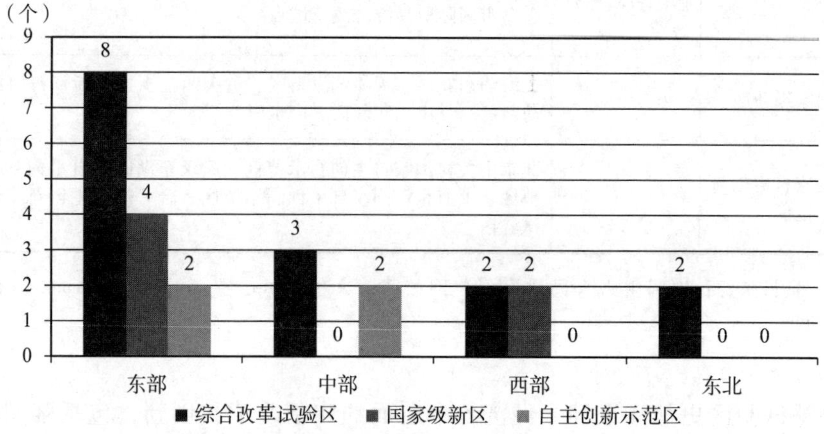

图 6－5　国家综合改革试验区的四大区域分布

6.1.2　区域创新投入

我国在区域创新投入与创新产出增长迅速，已经跃居到国际前列。

2010 年全国研究与试验发展（R&D）经费投入总量已达 7 062.6 亿元，研发经费投入与国内生产总值的比例达到 1.75%，企业投入 R&D 经费 5 185.5 亿元，研发人员全时当量达到 255 万人年，每万名就业人员的研发人力投入达到 33 人年。

1. 投入规模与强度持续增强

随着我国经济的起飞，创新投入也实现了全面快速增长。2012 年我国 R&D 经费内部支出总额达到 10 298.41 亿元，是 2000 年的 11.5 倍，年均增长速度达到 20.7%，远高于 GDP 增速（见表 6－4）；因此 R&D 经费支出强度，R&D 经费占 GDP 比重也由 0.90% 提高到 1.98%，接近创新型国家 2% 的标准。在创新人才投入方面，R&D 人员全日时当量也由 2000 年的仅 67.43 万人/年，提高到 324.68 万人/年，增长 4.8 倍，年均增速达到 10.2%。有效专利存量自 2006 年有统计以来，已经增长 5.5 倍，年增速达 27.5%；其中有效发明专利存量增长更快，2006 年我国有效发明专利存量仅为 7.29 万件，2012 年已经达到 47.32 万件，年均增长 30.6%，高于有效专利存量的平均增速。

表 6－4　2000 年与 2012 年全国创新投入总量对比

	2000 年	2012 年	年均增速
R&D 经费内部支出（亿元）	895.66	10 298.41	20.7%
R&D 经费占 GDP 比重（%）	0.90	1.98	0.09%
R&D 人员全日时当量（万人年）	67.43	324.68	10.2%
有效专利存量（万件）	54.88（2006 年）	300.50	27.5%
有效发明专利存量（万件）	7.29（2006 年）	47.32	30.6%

资料来源：2001 年与 2013 年中国科技统计年鉴。

2. 企业自主投入比重升高

企业是区域创新的核心主体，是创新活动的直接受益者，学者们一般认为其创新需求与能动性也最强，是创新活动的最直接投资者。2003年我国1 539.6亿元，其中的60.1%即925.4亿元由企业出资，政府出资29.9%，外资及其他10.0%。随着R&D经费的迅速增长，企业出资比例也在不断攀升，2012年我国R&D经费支出总额达到10 298.4亿元，其中的74.0%来自企业出资，企业出资额达到7 625.0亿元，年均增速高达26.4%。政府出资比重降低到20.6%，外资及其他出资比重也大幅降低到4.4%。我国企业正成为名副其实的区域创新投入主体（见图6－6）。

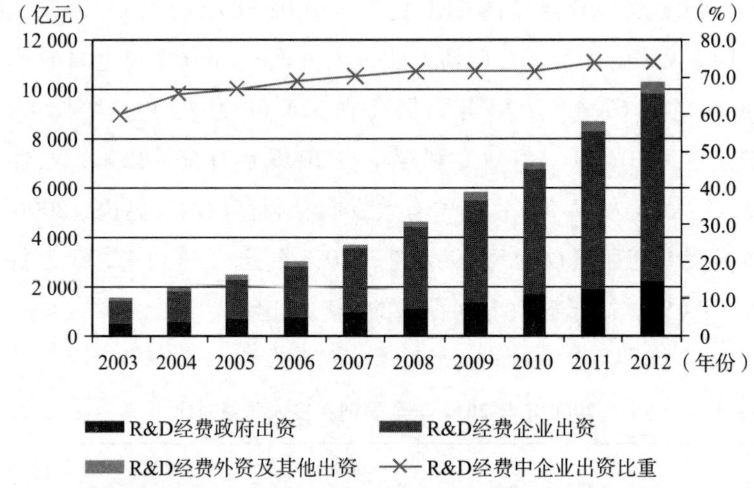

图6－6　2003～2012年R&D经费总量来源变化

资料来源：2004～2013年中国科技统计年鉴（注：2002年以前我国科技活动以“科技活动经费”为统计口径，未统计R&D经费支出来源）。

3. 地区投入能力差距显著

在我国R&D经费、人才及技术投入同步迅速增长的同时，各区域间的差异依然存在。2012年我国R&D经费内部支出10 298.1亿元中高达6 900.7亿元来自东部地区，占到总额的67.0%；R&D人员324.7万人/年中东部地区投入210.5万人/年，占到总量的64.8%；全国

R&D 研发人员投入 140. 4 万人/年，东部投入 81. 6 万人/年为总量的 58. 1%；有效专利存量 300. 5 万件，其中东部地区 217. 9 万件占到总量的 72. 5%。可以看出，东部地区十个省市的 R&D 经费、R&D 人才及专利投入量均占到了全国创新投入总量的一半以上，而中部、西部及东北 21 个省市区的投入总量远不及东部地区，更不用比较各省平均投入的差距（见图 6－7）。

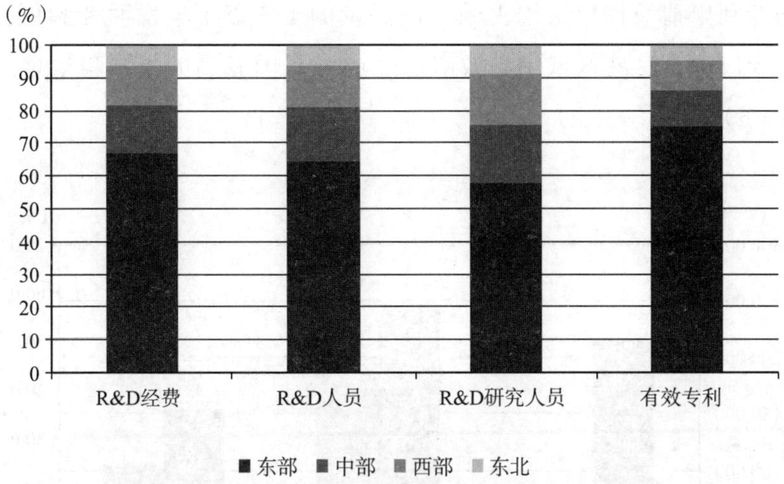

图 6－7　2012 年四大区域创新投入占比

资料来源：2013 年中国科技统计年鉴。

6. 1. 3　区域创新内容

1. 专利产出集中于区域中心城市

2012 年我国专利申请受理量达到 191. 2 万件，授权量达到 116. 3 万件，专利拥有量达到 300. 5 万件。发明专利授权量 21. 7 万件，跃居世界首位，每万人发明专利拥有量达到 3. 2 件，我国专利事业已进入推动国家核心竞争力提升、服务经济发展方式转变的新阶段。2011 年共发表科技论文 83.3 万篇，SCI 数据库收录 13.6 万篇，EI 收录 11.6 万篇。

我国专利申请及授权主要集中于 19 个副省级以上城市，2011 年 19 个城市共申请专利 62.0 万件，其中发明专利 21.7 万件、实用新型 24.7 万件、外观设计 15.6 万件，分别占到全国总量的 41.2%、52.2%、42.5% 和 30.6%；专利授权量达到 34.6 万件，其中发明专利 7.0 万件、实用新型 17.1 万件、外观设计 10.5 万件，分别占到全国总量的 39.1%、62.4%、42.1% 和 28.7%。可以看出 19 个主要城市的专利申请及授权量均占到全国总量的 1/3 以上，发明专利更占到了一半以上，这些区域中心城市已经成为我国专利的主要集聚地（见图 6－8）。

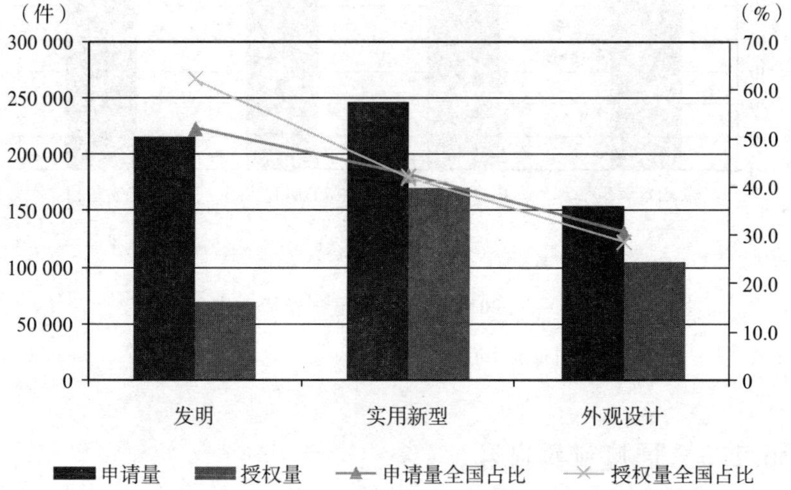

图 6－8　2011 年我国 19 个副省级以上城市专利申请及授权量

资料来源：专利统计简报 2013 年第 1 期（总第 118 期）。

2. 管理创新东部地区领先

管理创新是创新主体为了降低生产成本、获取更高的市场竞争优势或获取更大的市场等，而把新的管理要素（如新的管理方法、新的管理手段、新的管理模式等）或要素组合引入企业管理系统以更有效地实现组织目标的活动。企业作为市场活动的最主要主体，其以追逐更高的经济利润为目标，因此也是最活跃的管理创新主体。按照我国统计局对于市场经济活动单位主体的统计，可以把市场主体分为企业法人、事业法人、机关法人、社会团体及其他，企业单位的比重高低也反映出市场经济的活跃程度，进而能够从侧面反映区域管理创新的水平高低。从四大区域来看，上海、北京等东部地区企业法人比重普遍较高，中部、西部及东北地区则仅有重庆、辽宁、安徽等省在75%以上，其他地区均较低，尤以西藏最低仅为20%，而整体来看个区域企业法人比重普遍超过全部法人比重的50%（见图6-9）。

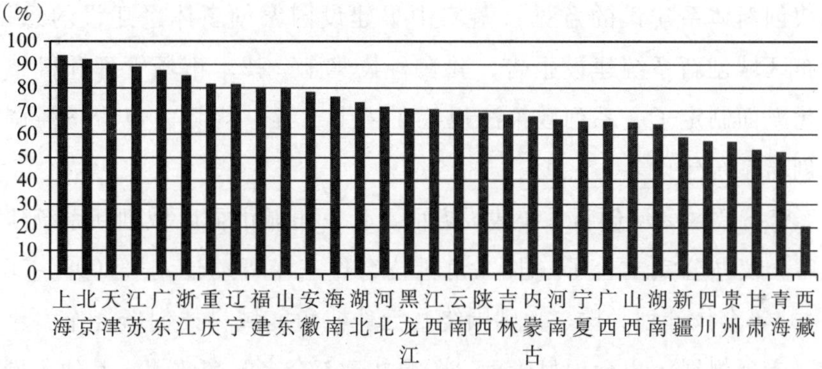

图6-9 2012年我国31个省市区企业法人比重

资料来源：2013年中国统计年鉴。

3. 制度创新逐步加强

党中央明确提出，提高自主创新能力、建设创新型国家是“十一五”及今后一段时期的主要任务。2006年2月国务院发布的《国家中长期科学和技术发展规划纲要（2006~2020年）》指出，我国将充分结合区域经济和社会发展的特色和优势，统筹规划区域创新系统和创新能力建设，深化地方科技体制改革，建设各具特色和优势的区域创新系统，促进中央与地方科技力量的有机结合，并印发《关于深化科技体制改革加快国家创新体系建设的意见》以落实规划纲要的实施。之后陆续编制了《国家自主创新基础能力建设"十一五"规划》《"十二五"国家自主创新能力建设规划》《高技术产业化"十一五"规划》《加强区域产业创新基础能力建设工作指导意见》《高新技术产业化及其环境建设"十二五"专项规划》《国家中长期科学和技术发展规划纲要(2006~2020年)》等相关政策建议。2013年11月中国共产党第十八届中央委员会第三次全体会议通过了《中共中央关于全面深化改革若干重大问题的决定》指出要深化经济体制改革，加快转变经济发展方式，加快建设创新型国家，推动经济更有效率、更加公平、更可持续发展。各省、市、区应国家科技部的要求，纷纷制定《关于深化科技体制改革加快创新体系建设的意见》落实中央建设国家创新体系建设的意见，发布区域创新系统建设报告，并在科技奖励、技术市场管理和科技产业化方面制定了一系列政策法规，在"十二五"规划中也纷纷强调区域创新系统建设。

跨行政区区域创新系统建设方面，长三角城市群区域创新系统建设联席会议办公室出台了《长三角科技合作三年行动计划(2008~2010年)》等合作计划，珠三角则围绕《泛珠三角区域科技创新合作"十一五"专项规划》出台项目管理、资源共享等众多配套政策，其他各城市群也均制定了推动跨区域合作的相关政策文件。

在创新成果保护方面，由国家知识产权局知识产权发展研究中心发布的《2012年全国知识产权发展状况报告》指出：我国知识产权保护正得到不断加强，各类创新主体对创新成果保护的需求日益旺盛，而当前知识产权保护工作仍不能满足快速增长的市场需求；同时我国各地区知识产权保护存在显著差异，以广东、浙江、江苏为首的东部沿海地区知识产权保护发展指数较高，中西部地区仅湖北、河南、安徽和四川较高，其余省份均较低，特别是甘肃、青海、宁夏与西藏远低于其他地区(见图6-10)。

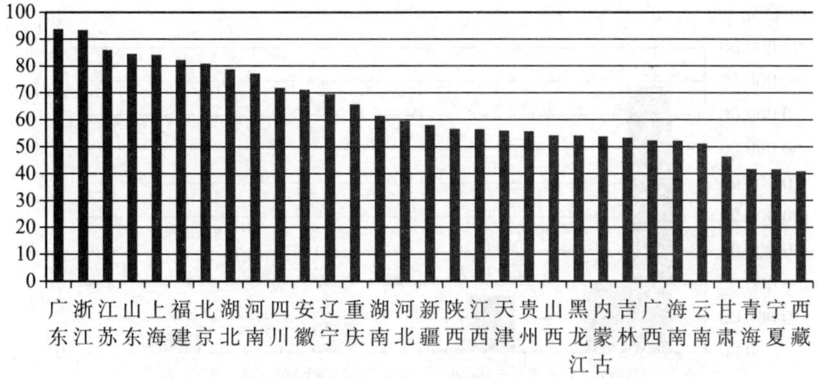

图6-10　2012年我国31个省市区知识产权保护发展指数

资料来源：2012年全国知识产权发展状况报告。

6.1.4　区域创新产出

1. 东部引领新产品销售及出口

2012年我国规模以上工业企业实现新产品销售收入110 529.8亿元，占到主营业务收入的11.9%，新产品已经成为主营业务收入的主要来源之一。新产品出口21 894.2亿元，占新产品销售收入的19.8%，新产品成为产品出口的重要增长点。从我国各区域来看，差距依然显著。2012年东部地区新产品销售收入78 506.3亿元，占全国的71.0%，同时新产品在主营业务中的比例也高达14.6%，为各区之首；其中上海的新产品比例高达21.7%，为全国最高，其次为北京和浙江，占19.6%，天津18.9%。东部地区实现新产品出口19 715.7亿元，占到全国新产品出口总额的90.1%，新产品出口率占25.1%，远高于其他各区不足8%的出口率；其中广东新产品出口额为各地区最高，达到5 979.6亿元，高于中西部及东北21个省市区新产品出口额总和，同时其新产品出口率以38.8%居全国第一位。东部地区成为新产品生产、销售及出口发展的引领地区（见图6-11）。

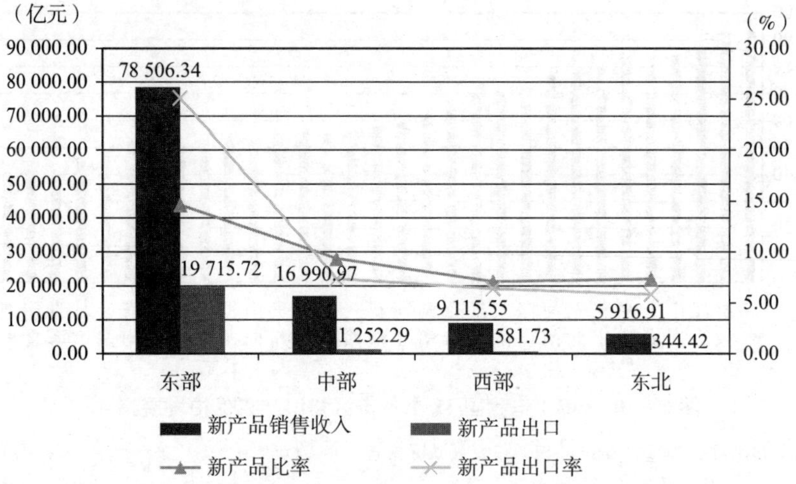

图 6－11　2012 年我国四大区域规模以上工业企业新产品销售及出口

资料来源：2013 年中国科技统计年鉴。

2. 高技术产业引领工业创新

高新技术产业是区域创新产出产业化发展主要体现，目前我国高新技术产业已取得了丰硕的成果。2012 年我国高新技术企业总数达到 31 858 个，年末从业人员 1 314 万人，高技术产业总产值达到 74 709 亿元，规模以上高技术产业增加值达到 17 757. 7 亿元，高技术产品出口额达到 4 923. 8 亿美元，占商品出口总额的 31. 2%。高新技术产业新产品销售达到 72 863. 9 亿元，占主营业务收入的 16. 8%，知识密集型服务业增加值达到 45 170. 7 亿元。

2012 年全国高技术产业新产品销售在工业企业新产品中的比重达到 23. 1%，接近 1/4；高技术新产品出口占全部工业新产品出口的 52. 0%，已经超过一半；高技术产业专利申请量达到工业企业专利申请总量的 26. 1%，超过 1/5；而按同期新产品销售收入来计算，我国高技术产业仅占工业的 11. 0%，高技术产业创新引领工业的发展。分区域来看，虽然各区域新产品销售收入、新产品出口及专利申请量等在工业中的占比均存在很大差异，但各区域各指标均超过其高技术产业的工业占比。其中以东部地区各项占比最高，东部高技术产业新产品出口占其工业新产品出口总量的 56.1%，远高于其高技术产业 14.6% 的工业比重，成为各区域的创新领跑者（见图 6－12）。

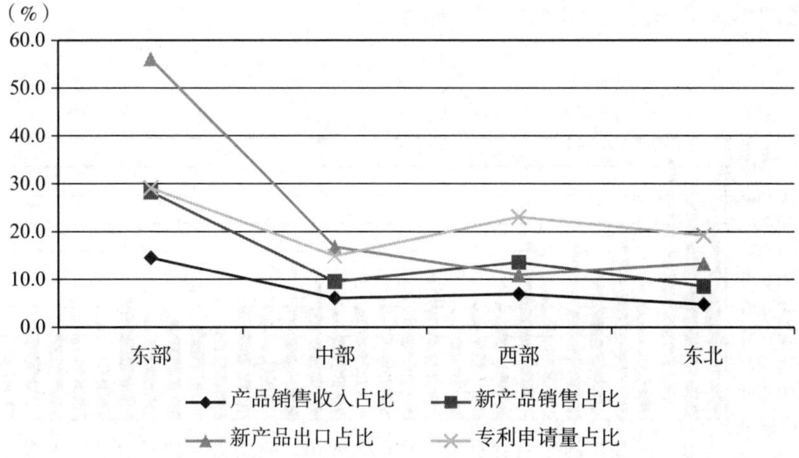

图 6－12　2012 年我国四大区域高技术产业工业占比

资料来源：2013 年中国科技统计年鉴。

3. 劳动生产率发展相对均衡

人均 GDP 反映的是地区生产总值与常住人口的比值，而常住人口并非均参会社会生产；劳动力报酬是其劳动产出的重要价值衡量，但工资报酬以外的投资收入、利息等产出也是地区经济产出的重要组成部分，因此人均 GDP 与城镇就业人员平均工资报酬相互补充，是地区劳动产出效率的重要参考和地区经济发展水平的重要指标。

人均 GDP 的地区差距显著大于城镇就业人员平均工资，人均 GDP 最高的为天津（93 173 元）是最低贵州（19 710 元）的 4.7 倍，而城镇就业人员平均工资最高的北京（84 742 元）仅为最低广西（36 386 元）的 2.3 倍。各地区人均 GDP 与城镇就业人员平均工资分别呈现出梯度分布特征。人均 GDP 第一梯度天津（93 173 元）、北京（87 475 元）、上海（85 373 元），第二梯度 68 347 元（江苏）至 51 768 元（山东）共7个地区，第三梯度43 415元（吉林）至19 710元（贵州）共21个地区。各地区城镇就业人员平均工资第一梯度北京、上海与天津城镇就业人员平均工资84 742元、78 673元与61 414元为全国最高；第二梯度其他各省最高西藏51 705元是最低广西36 386元的1.42倍，各省之间的差距较小。如图6-13所示。

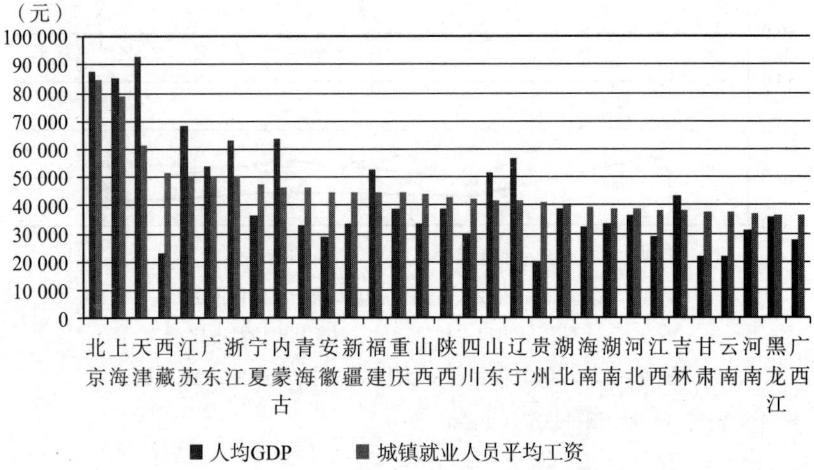

图6-13　2012年我国31个省市区劳动生产率

资料来源：2013年中国统计年鉴。

6.2 省域区域创新系统发展阶段预判

在上节对我国区域创新系统发展状况进行整体把握的基础上，根据第4章建立的区域创新系统发展阶段识别指标体系，通过第5章提出灰色关联预判模型对除我国港澳台及西藏外的30个省域区域创新系统进行创新系统发展阶段识别，通过实证研究检验模型可行性及可信度。依据灰色关联的分析步骤，首先建立阶段特征指标集，然后确定指标权重，计算样本与各阶段特征指标集的灰色关联度并判定样本区域创新发展阶段。

6.2.1 阶段特征指标集

对我国30个省域区域创新系统发展阶段识别指标体系的56个指标进行统计分析，求得样本最大值、最小值及全国平均值，并依据5.2.2节中的各阶段特征指标集选择及建立方法确定各指标起步、成长、成熟的阶段特征值。由于指标数目较多，以创新主体、创新投入、创新内容和创新产出四大二级指标为依据，以4个独立表格进行分析说明。

1. 创新主体阶段特征指标集

总量指标以“高新技术企业总数（个）”为例，《2013中国科技统计年鉴》显示截至2012年底，全国31个省市区共有24 636个国家级高新技术企业，平均每个省约793.71个，因此把该值作为x11成长阶段的标准参考值；而除去西藏之外，以宁夏19个的最低水平作为x11起步阶段的标准参考值；广东以5 059个国家级高新技术企业为全国高技术企业最多的地区，计算可得4 051是x11成熟阶段的指标标准参考值。其他总量指标在区域创新系统各阶段的特征指标值皆可通过该方法确定。

对于比重指标，以“有R&D活动的规模以上工业企业占比（%）”各阶段指标标准参考值为例。2012年全国有R&D活动的规模以上工业企业达47 204个，占规模以上工业企业总数的13.73%，以此作为成长阶段的指标标准参考值；而除西藏以外的大陆30个省级地区中比重最低的为吉林的4.29%，作为起步阶段的指标标准参考值；比重最高的为北京的26.65%，计算可得22.18%是指标x13成熟阶段的标准参考值。比重类指标x42与x43各阶段标准参考值也均以此种方法设定。

对比各指标不同阶段特征值的差异能够看出，成熟阶段指标值往往是起步阶段的10倍甚至100倍以上，成长阶段标准指标值往往是起步阶段的数倍以上，各阶段指标值具有显著的区分度。其中以“有R&D活动的规模以上工业企业数（个）”的阶段差距最大，成长阶段标准参考指标值是起步阶段的58.7倍，成熟阶段标准参考指标值是起步阶段的343倍，即是成长阶段的5.8倍。阶段特征差距最小的指标为“国家级高新区（个）”，成长阶段标准参考指标值是起步阶段的3.39倍，成熟阶段标准参考指标值是起步阶段的7.40倍，即是成长阶段的2.18倍。可见，各指标阶段标准特征参考值具有显著差异，各指标阶段区分度较高（见表6－5）。

表6－5　　区域创新系统创新主体各阶段特征指标集

指标	指标名称	起步	成长	成熟
x11	高新技术企业总数（个）	19.00	794.71	4 051.00
x12	有R&D活动的规模以上工业企业数（个）	26.00	1 522.71	8 911.60
x13	有R&D活动的规模以上工业企业占比（%）	4.29	13.73	22.18
x14	规模以上工业企业平均新产品开发项目数（项）	3.96	6.85	14.59
x21	R&D研发机构总数（个）	21.00	118.52	307.40
x22	普通本科高校数量（所）	2.00	27.23	46.20
x23	R&D研发机构课题数（项）	211.00	2 559.45	19 611.80
x31	国家级高新区总数（个）	1.00	3.39	7.40
x32	国家级试验区及示范区数（个）	0	0.81	6.40
x33	政府R&D经费出资额（万元）	35 116.90	716 579.02	4 534 960.34
x41	国家产业技术创新试点及重点培育联盟数（个）	0	3.06	17.60
x42	科研机构R&D经费中企业资金比重（%）	0.01	3.06	23.86
x43	高校R&D经费中企业资金比重（%）	5.74	33.37	43.38

2. 创新投入阶段特征指标集

对于 x51、x52、x61、x71、x73、x74、x81、x82、x83 等总量类指标，全国平均值即全国总量的 1/31 作为成长阶段的指标阶段标准参考值；对于 x53、x54、x62、x63、x72 等比重指标则直接以全国比重为成长阶段标准参考值，以“R&D 人员比重（每万人）”为例，2012 年我国共有 R&D 人员 461. 7 万人，年末城镇从业人员总数达到 37 102 万人，平均每万人中有 124. 44 个人为 R&D 人员，以此作为“R&D 人员比重（每万人）”成长阶段的标准参考值；而比重最低的海南共 1. 05 万 R&D 人员，年末城镇从业人员总数 190. 9 万人，因此每万人中仅有 54. 96 个人为 R&D 人员，以此作为起步阶段的标准参考值；R&D 人员比重最高的天津每万人有 301 个 R&D 人员，由 5. 2. 2 节提供的公式计算可以得到 251. 96 为成熟阶段的标准参考值（见表 6 – 6）。

表 6 – 6　区域创新系统创新投入各阶段特征指标集

指标	指标名称	起步	成长	成熟
x51	R&D 人员（人）	7 848. 00	148 939. 35	504 813. 60
x52	R&D 人员全时当量（人年）	5 181. 00	104 736. 78	394 897. 72
x53	R&D 人员比重（每万人）	54. 96	124. 44	251. 96
x54	R&D 人员中研究生学历比重（%）	10. 25	19. 56	35. 40
x61	R&D 经费内部支出（万元）	131 228. 40	3 322 067. 41	10 329 138. 48
x62	R&D 经费投入强度（%）	0. 48	1. 98	4. 86
x63	R&D 内部支出中企业出资比重（%）	34. 67	74. 04	78. 54
x71	有效专利存量（件）	1 502. 00	96 936. 23	430 044. 40
x72	发明专利存量比重（%）	7. 91	15. 75	34. 21
x73	国外技术引进合同数（项）	4. 00	418. 97	2 465. 60
x74	国外技术引进合同金额（万元）	290. 58	142 818. 39	777 091. 92

续表

指标	指标名称	起步	成长	成熟
x81	R&D 人才净流入量（人）	333.00	19 340.06	90 793.80
x82	R&D 经费外部支出（万元）	7 277.00	188 454.02	758 443.72
x83	R&D 经费外资投入（万元）	26.40	32 387.30	383 200.64

比较各指标的阶段标准参考值差异，阶段差距最大的指标为“R&D 经费外资投入（万元）”，成熟阶段标准参考值达到起步阶段的 13 415 倍；阶段差距最小的“R&D 内部支出中企业出资比重（%）”成熟阶段指标标准参考值仅为起步阶段的 2.27 倍，这其中成熟阶段仅比成长阶段高 4.5 个百分点，差距仅为 6%。

3. 创新内容阶段特征指标集

与创新主体及创新投入的阶段特征指标集确定方法类似，根据 5.2.2 节提供的各指标阶段特征值的计算方法，便可以计算得到创新内容的阶段特征指标集如表 6－7 所示。

表 6－7　　区域创新系统创新内容各阶段特征指标集

指标	指标名称	起步	成长	成熟
x91	专利申请受理量（件）	844.00	61 682.29	378 293.60
x92	人均专利申请受理量（件/万人）	7.74	51.54	166.10
x93	发明专利申请受理量占比（%）	13.34	28.00	48.36
x94	科技论文国外检索量（篇）	128.00	9 782.13	45 632.00
x101	企业产权制度	52.56	78.05	85.74
x102	企业家创新意识	0.30	0.77	1.00
x103	员工素质	8.19	13.66	44.51
x104	企业信息化水平	6.34	12.94	19.58
x111	公共服务	0.12	0.45	0.76

续表

指标	指标名称	起步	成长	成熟
x112	信息公开	0.32	0.57	0.70
x113	新技术应用	0.24	0.42	0.69
x114	创新保障制度	41.62	64.04	83.32
x121	技术市场成交合同数（项）	40.00	9 104.58	47 983.20
x122	技术市场成交合同金额（万元）	0.60	207.65	1 966.92
x123	技术输出输入比	0.00	1.00	2.02

创新内容指标各阶段特征指标值差异较小，成熟阶段指标参考值与起步阶段的比值普遍在 10 以下，仅 4 个指标比值在 100 以上。其中创新内容指标各阶段特征指标值区分度最大的是“技术市场成交合同金额（万元）”，成熟阶段指标参考值是起步阶段的 3 278 倍，是成长阶段的 9.5 倍，成长阶段指标参考值是起步阶段的 346 倍。差异度最小的指标为“企业产权制度”，成熟阶段指标参考值是起步阶段的 1.6 倍，是成长阶段的 1.1 倍。

4. 创新产出阶段特征指标集

与创新主体、创新投入的阶段特征指标集确定方法类似，根据 5.2.2 节提供的各指标阶段特征值的计算方法，便可以计算得到创新产出的阶段特征指标集如表 6-8 所示。

表 6-8　区域创新系统创新产出各阶段特征指标集

指标	指标名称	起步	成长	成熟
x131	新产品销售收入（亿元）	10.38	3 565.48	14 278.41
x132	新产品销售收入占主营业务收入比重（%）	0.55	11.89	17.47
x133	新产品出口率（%）	0.03	19.81	31.06
x141	高技术产业主营业务收入（亿元）	16.90	3 299.48	20 040.66

续表

指标	指标名称	起步	成长	成熟
x142	高技术产业利润（亿元）	2.70	199.56	1 026.14
x143	高技术产业利润率（%）	2.67	6.05	17.17
x151	人均 GDP（元）	19 710.00	38 420.00	78 480.40
x152	城镇就业人员平均工资（元）	36 386.00	46 769.00	75 070.80
x153	单位能耗 GDP 产出（万元/吨标准煤）	0.44	1.43	1.83
x154	高技术产业比重（%）	0.23	11.01	21.41
x155	创新文化氛围	120.26	232.67	571.64
x161	科技创新转化效率	0.18	0.60	0.84
x162	经济创新转化效率	0.48	0.80	0.90
x163	创新全过程转化效率	0.13	0.73	0.83

区域创新产出各指标阶段特征值差距较大的有“新产品销售收入（亿元）”、“新产品出口率（%）”、“高技术产业主营业务收入（亿元）”与“高技术产业主营业务收入（亿元）”等，其成熟阶段指标参照值均为起步阶段的300倍以上，其中差距最大的“新产品销售收入（亿元）”成熟阶段参考值为起步阶段的1 375.6倍。指标阶段特征值差距较小的有“新产品销售收入占主营业务收入比重（%）”、“高技术产业利润率（%）”、“人均 GDP（元）”、“城镇就业人员平均工资（元）”、“单位能耗 GDP 产出（万元/吨标准煤）”、“高技术产业比重（%）”、“创新文化氛围”及三大效率指标，其成熟阶段指标参照值多为起步阶段的10倍以下。

6.2.2 指标权重确定

根据5.2.3节介绍的四级指标权重确定的熵值法，以及二级指标及三级指标等权方法，计算得到各级指标权重如表6－9所示。

表 6-9　　区域创新系统发展阶段识别四级指标权重

二级指标	三级指标	四级指标	权重
B1（0.25）	C1（0.25）	x11	0.236
		x12	0.234
		x13	0.288
		x14	0.242
	C2（0.25）	x21	0.308
		x22	0.406
		x23	0.286
	C3（0.25）	x31	0.415
		x32	0.326
		x33	0.259
	C4（0.25）	x41	0.306
		x42	0.294
		x43	0.400
B2（0.25）	C5（0.25）	x51	0.253
		x52	0.244
		x53	0.278
		x54	0.225
	C6（0.25）	x61	0.302
		x62	0.209
		x63	0.275
	C7（0.25）	x71	0.275
		x72	0.233
		x73	0.218
		x74	0.274
	C8（0.25）	x81	0.365
		x82	0.350
		x83	0.285

二级指标	三级指标	四级指标	权重
B3（0.25）	C9（0.25）	x91	0.242
		x92	0.253
		x93	0.267
		x94	0.237
	C10（0.25）	x101	0.267
		x102	0.284
		x103	0.189
		x104	0.260
	C11（0.25）	x111	0.248
		x112	0.256
		x113	0.250
		x114	0.247
	C12（0.25）	x121	0.338
		x122	0.297
		x123	0.366
B4（0.25）	C13（0.25）	x131	0.334
		x132	0.356
		x133	0.310
	C14（0.25）	x141	0.339
		x142	0.335
		x143	0.326
	C15（0.25）	x151	0.220
		x152	0.190
		x153	0.203
		x154	0.207
		x155	0.179
	C16（0.25）	x161	0.303
		x162	0.350
		x163	0.347

6.2.3　阶段类别判定

结合各指标权重，依据 5.2.4 节的灰色关联度计算方法计算出各地区样本与起步、成长、成熟三个阶段的特征指标集相关度，并根据5.2.5节提出的阶段判别方法，样本与哪一阶段的灰色关联度系数最高即判定其属于该阶段，据此对我国30个省域区域创新系统发展阶段进行预判，并计算区分系数，判断阶段预判结果的显著性，汇总得到表6-10。

表6-10　2012年我国30个省域区域创新系统发展阶段判定

地区	起步	成长	成熟	阶段判定	显著性差异系数	误判风险
北京	0.313	0.355	0.593	成熟	0.238	低
天津	0.450	0.624	0.464	成长	0.160	低
河北	0.594	0.606	0.363	成长	0.012	高
山西	0.584	0.553	0.363	起步	0.032	高
内蒙古	0.653	0.519	0.347	起步	0.134	低
辽宁	0.473	0.595	0.442	成长	0.122	低
吉林	0.572	0.595	0.382	成长	0.023	高
黑龙江	0.554	0.610	0.355	成长	0.056	高
上海	0.366	0.423	0.531	成熟	0.108	低
江苏	0.318	0.424	0.633	成熟	0.209	低
浙江	0.401	0.515	0.543	成熟	0.028	高
安徽	0.476	0.704	0.394	成长	0.228	低
福建	0.497	0.646	0.429	成长	0.149	低
江西	0.616	0.601	0.353	起步	0.015	高
山东	0.382	0.557	0.508	成长	0.049	高
河南	0.556	0.605	0.374	成长	0.049	高
湖北	0.449	0.737	0.442	成长	0.289	低
湖南	0.503	0.655	0.409	成长	0.152	低
广东	0.337	0.448	0.568	成熟	0.121	低
广西	0.634	0.581	0.347	起步	0.053	高
海南	0.661	0.514	0.364	起步	0.147	低
重庆	0.569	0.581	0.405	成长	0.013	高

续表

地区	起步	成长	成熟	阶段判定	显著性差异系数	误判风险
四川	0.472	0.626	0.407	成长	0.154	低
贵州	0.663	0.519	0.329	起步	0.145	低
云南	0.630	0.532	0.341	起步	0.098	高
陕西	0.476	0.613	0.425	成长	0.136	低
甘肃	0.613	0.532	0.355	起步	0.081	高
青海	0.777	0.476	0.308	起步	0.301	低
宁夏	0.706	0.506	0.337	起步	0.200	低
新疆	0.649	0.520	0.339	起步	0.130	低

灰色关联分析显示，除我国港澳台地区及西藏外的 30 个省域区域创新系统共 5 个进入成熟阶段，14 个处于成长阶段，11 个处于起步阶段，这与研究假设我国多数地区区域创新系统处于成长阶段相吻合。

1. 东部以成长与成熟阶段为主

进入到区域创新系统的成熟阶段的 5 个地区全部来自我国东部地区，分别为北京、上海、江苏、浙江与广东，其中浙江两地区的成熟阶段关联度与成长阶段关联度差别较小（区分系数为 0.03 小于 0.10），即两者处于成长阶段与成熟阶段过渡过程，虽然灰色关联分析将其预判为成熟阶段，但误判风险较高，需要通过判别分析对阶段预判结果进行检验。

处于成长阶段的东部省份有天津、河北、山东、福建共 4 个地区，成熟与成长阶段占到东部全部省份的 90%。山东的成长阶段关联度与成熟阶段关联度差异较小，处于成长向成熟阶段的过渡阶段。河北的成长阶段关联度与起步阶段关联度差异较小，处于起步与成长的过渡阶段。东部十个省市中仅海南处于起步阶段，可以看出东部地区区域创新系统发展水平整体较高，但省市间差距也较大。

2. 中部与东北处于起步—成长过渡阶段

处于成长阶段的省域区域创新系统分布最广，其中东部有4个地区，中部4个地区，西部有3个地区，东北3个地区。而就成长阶段地区在我国四大区域中所占比重来看，分别占到为40%、67%、27%和100%，可见中部与东北地区基本整体处于成长阶段。

具体来看，中部地区的河南、湖北、湖南、安徽的区域创新系统进入到成长阶段，仅山西与江西仍处于起步阶段。其中江西、河南与山西成长阶段关联度与起步阶段关联度差异不显著，即三个省份的区域创新系统虽然被判定为不同的发展阶段，但本质上处于起步与成长的过渡阶段。东北地区辽宁、吉林、黑龙江均被判定为成长阶段，但吉林与黑龙江的成长阶段关联度与起步阶段关联度得分差异不显著，即两者处于起步与成长的过渡阶段。因此中部地区与东北地区9个省域区域创新系统中，共5个处于起步与成长的过渡阶段，4个处于成长阶段，说明两大地区整体处于起步—成长过渡阶段。

3. 西部多数仍处于起步阶段

西部地区省域区域创新系统发展水平最高的为重庆、四川和陕西，三个地区均处于成长阶段，这其中重庆的成长阶段关联度与起步阶段关联度得分差异不显著，即处于起步与成长的过渡阶段，因此可以说西部地区仅有四川与陕西区域创新系统明确进入到成长阶段。

处于起步阶段的11个地区中共8个位于西部，依次为内蒙古、广西、贵州、云南、甘肃、青海、宁夏、新疆，占起步阶段地区总数的73%。其中广西、云南与甘肃的成长阶段关联度与起步阶段关联度得分差异不显著，即处于起步向成长的过渡阶段。

综合来看，除西藏外的西部11个省域区域创新系统，仅2个地区明确进入成长阶段，4个地区处于起步到成长的过渡阶段，其余5个地区处于起步阶段。西部地区区域创新发展水平仍以起步阶段为主。

6.3 省域区域创新系统发展阶段检验

通过以上使用灰色关联模型对我国30个省域区域创新系统发展阶段的预判显示：我国多数省域区域创新系统处于成长阶段，其次是起步阶段，进入成熟阶段的地区仍较少；东部、中部与东北、西部的地区间差距明显，呈现梯度分布特征，即东部处于成长向成熟过渡阶段、中部与东北处于起步向成长过渡阶段、西部处于起步阶段。

阶段关联度差异不显著地区，即存在阶段误判的地区较多，总数达到12个，占地区总数的40%。而这其中起步阶段误判可能性较大的地区有4个，占该阶段区域总数的36%；成长阶段误判可能性较高的地区有6个，占该阶段区域总数的40%；成熟阶段误判可能性较高的地区有1个，占该阶段区域总数的20%。对存在误判的12个地区需通过判别分析进行阶段识别检验，依据判别分析检验模型建立判别函数并展开检验。

6.3.1 阶段判别已知分组样本选取

依据5.3.2节的判别分析已知分组样本选取准则，选择显著性差异系数大于0.1的区域作为判别分析函数建立的已知分组样本，显著性差异系数小于0.1的区域作为待检验样本（见表6－11）。

判别分析是以样本指标值为依据进行的聚类分析，指标是否具有代表性是决定判别分析有效性高低的关键，直接使用56个四级指标进行判别分析可行性不高。变量间的相关性，极有可能降低求解逆矩阵的精度，导致建立的判别函数不稳定；庞大的指标数量也使得判别函数过于复杂，也不利于判别分析的实施。因此首先应该对指标进行适当合成后再用于判别分析，依据灰色关联分析中熵值法确立的各指标权重，求取各样本4个二级指标的综合评价得分作为判别分析依据。有已知分组样本构成的判别分析指标值如表6－12所示。

表6－11　区域创新系统发展阶段判别分析已知分组样本选取

阶段	已知分组样本	待检验样本
起步	内蒙古、海南、贵州、青海、宁夏、新疆	山西、江西、广西、云南、甘肃
成长	天津、辽宁、安徽、福建、湖北、湖南、四川、陕西	河北、吉林、黑龙江、山东、河南、重庆
成熟	北京、江苏、广东、上海	浙江

表6－12　区域创新系统发展阶段判别分析已知分组样本指标评价值

阶段	区域	主体B1	投入B2	内容B3	产出B4
起步	内蒙古	0.103	0.153	0.189	0.222
	海南	0.102	0.159	0.261	0.453
	贵州	0.138	0.119	0.142	0.237
	青海	0.034	0.081	0.118	0.321
	宁夏	0.089	0.131	0.116	0.368
	新疆	0.128	0.138	0.156	0.199
成长	天津	0.275	0.327	0.383	0.516
	辽宁	0.394	0.232	0.340	0.266
	安徽	0.257	0.267	0.374	0.311
	福建	0.236	0.244	0.410	0.378
	湖北	0.332	0.261	0.413	0.272
	湖南	0.329	0.245	0.320	0.358
	四川	0.364	0.218	0.335	0.261
	陕西	0.332	0.206	0.388	0.212
成熟	北京	0.580	0.624	0.885	0.659
	上海	0.353	0.434	0.645	0.518
	江苏	0.606	0.642	0.541	0.751
	广东	0.477	0.673	0.511	0.642

6.3.2　阶段判别函数建立

本书采用 SPSS 软件进行判别分析，软件输出结果依次分为统计性信息、典则判别式函数、分类判别函数三个部分。

1. 统计性信息

对于已知分组样本的统计分析显示，已知分组样本共 18 个，其中起步阶段 6 个、成长阶段 8 个、成熟阶段 4 个。各阶段样本二级指标均值存在显著差异，标准差差距较小，具体表现为：起步阶段普遍较低，成长阶段较高，成熟阶段最高。以主体指标值为例，起步阶段已知分组样本主体指标值均值为 0. 990，标准差为 0. 3664；成长阶段已知分组样本主体指标均值为 0. 3149，标准差为 0. 05428；成熟阶段已知分组样本主体指标值均值为 0. 5040，标准差为 0. 11505。可见各阶段已知分组样本间存在显著差异性（见表 6 – 13）。

表 6 – 13　　　　阶段判别分析已知分组样本组统计量

阶段		均值	标准差	有效的 N（列表状态）	
				未加权的	已加权的
起步	主体 B1	0. 0990	0. 03664	6	6. 000
	投入 B2	0. 1302	0. 02813	6	6. 000
	内容 B3	0. 1637	0. 05477	6	6. 000
	产出 B4	0. 3000	0. 09872	6	6. 000
成长	主体 B1	0. 3149	0. 05428	8	8. 000
	投入 B2	0. 2500	0. 03719	8	8. 000
	内容 B3	0. 3704	0. 03501	8	8. 000
	产出 B4	0. 3218	0. 09535	8	8. 000

续表

阶段		均值	标准差	有效的 N（列表状态）	
				未加权的	已加权的
成熟	主体 B1	0.5040	0.11505	4	4.000
	投入 B2	0.5933	0.10808	4	4.000
	内容 B3	0.6455	0.16968	4	4.000
	产出 B4	0.6425	0.09582	4	4.000
合计	主体 B1	0.2849	0.16691	18	18.000
	投入 B2	0.2863	0.18509	18	18.000
	内容 B3	0.3626	0.19823	18	18.000
	产出 B4	0.3858	0.16812	18	18.000

对主体、投入、内容与产出四大指标做协方差与相关性检验显示四大指标之间不具有明显相关性，协方差均接近 0 且变动方向基本一致；相关系数最高的为区域创新投入与产出，两者相关度达到 0.589，其次为区域创新主体与创新投入的相关度 0.440，两者均低于显著相关 0.8 的临界值，不具有显著相关性。四大指标的低相关性将极大提高判别分析的准确度，符合判别分析函数建立条件，有利于判别分析函数的建立及结果的区分度与可信度的提高，说明以区域创新系统的主体、投入、内容与产出四大指标进行判别分析不仅满足创新理论要求，同时也符合数理统计分析要素，分析结果将具有很好的理论与现实可信度（见表 6－14）。

表 6－14　　阶段判别分析已知分组样本协方差[a]与相关系数

		主体 B1	投入 B2	内容 B3	产出 B4
协方差	主体 B1	0.004	0.002	0.000	0.000
	投入 B2	0.002	0.003	－1.228E－5	0.003
	内容 B3	0.000	－1.228E－5	0.007	0.000
	产出 B4	0.000	0.003	0.000	0.009

续表

		主体 B1	投入 B2	内容 B3	产出 B4
相关性	主体 B1	1.000	0.440	0.074	0.028
	投入 B2	0.440	1.000	-0.003	0.589
	内容 B3	0.074	-0.003	1.000	0.050
	产出 B4	0.028	0.589	0.050	1.000

注：* 协方差矩阵的自由度为 15。

2. 典则判别式函数

根据指标及样本分析提出两个典则判别式函数，对应的特征值分别为 16.829 和 0.962，对应的方差贡献度分别为 94.6% 和 5.4%，也就是说对于样本的分类，第一个典则判别式函数的方差贡献度最高，是主要进行样本类别区分的函数，第二个典则判别式函数的方差贡献度较低，是辅助进行类别区分的函数。正则相关性则即典则判别相关系数，是组间平方和与总平方和之比的平方根，表示典则判别式函数分数与组别间的关联程度。函数 1 与组别间的关联程度高达 0.972，函数 2 稍低，也反映主要以函数 1 作为判别依据的准确度较高。典则判别式函数间的差异分析显示函数间差异性显著，“1 到 2” 的 p 值为 0.000 表示差异达到显著水平（见表 6-15 ~ 表 6-17）。

表 6-15　　阶段判别典则判别式函数特征值*

函数	特征值	方差的占比（%）	累积占比（%）	正则相关性
1	16.829[a]	94.6	94.6	0.972
2	0.962[a]	5.4	100.0	0.700

注：* 分析中使用了前 2 个典则判别式函数。

表 6-16　　阶段判别典则判别式函数类间差异

函数检验	Wilks 的 Lambda	卡方	df	Sig.
1 到 2	0.029	47.991	8	0.000
2	0.510	9.099	3	0.028

表 6-17　　标准化的典则判别式函数系数

	函数	
	1	2
主体 B1	0.190	0.916
投入 B2	0.809	-0.711
内容 B3	0.542	0.183
产出 B4	-0.154	-0.180

依据标准化典则判别式函数系数能够写出两个典则判别式函数为:

$$U_1 = 0.190B_1 + 0.809B_2 + 0.542B_3 - 0.154B_4 \quad (6-1)$$

$$U_2 = 0.916B_1 - 0.711B_2 + 0.183B_3 - 0.180B_4 \quad (6-2)$$

根据典则判别函数计算已知分组样本与待检验样本的典则判别函数值，并以函数 1 的值为横坐标，函数 2 的值为纵坐标，可得到图 6-14。可以看出区域创新系统起步、成长、成熟三大阶段类别间存在显著差距，特别是成熟阶段与成长或起步阶段的差距最大，而我国多数地区处于起步或成长阶段，这两个阶段的差异并不显著。

3. 分类判别函数

最后，得到贝叶斯判别的线性判别函数，有几类就有几个函数，将样本带入函数计算其在各类上的得分，比较不同类的判别分值，样本在哪一类的分类函数得分最高便属于该类（见表 6-18）。

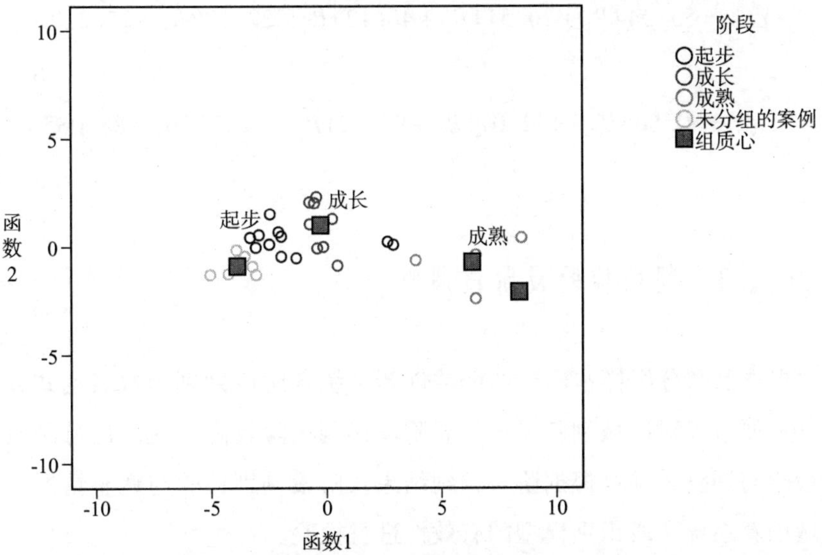

图 6－14　典则判别函数得到的分类散布图

表 6－18　　　　阶段判别分类函数系数

	阶段		
	起步	成长	成熟
主体 B1	19.514	55.244	50.865
投入 B2	－1.221	26.511	142.071
内容 B3	19.428	46.124	84.521
产出 B4	31.352	22.178	14.777
（常量）	－8.278	－25.219	－88.085

根据阶段判别分类函数系数分别写出区域创新系统起步、成长与成熟三个阶段的分类函数为：

$$Y_{起步} = 19.514B_1 - 1.221B_2 + 19.428B_3 + 31.352B_4 - 8.278 \tag{6-3}$$

$$Y_{成长} = 55.244B_1 + 26.511B_2 + 46.124B_3 + 22.178B_4 - 25.219 \quad (6-4)$$

$$Y_{成熟} = 50.865B_1 + 142.071B_2 + 84.521B_3 + 14.777B_4 - 88.085 \quad (6-5)$$

6.3.3 判别检验及阶段调整

根据已知分组样本确定的区域创新系统各阶段判别函数表达式，通过计算便可以对区域创新系统发展阶段误判风险较高的地区进行阶段判别检验与调整，并可根据阶段预判结果及阶段判别检验与调整情况，对区域创新系统阶段识别模型的有效性进行检验。

1. 待检验样本信息

在依据判别分析函数对区域创新系统发展阶段判别待检验样本进行阶段再判别之前，首先需要计算待检验区域的创新主体、投入、内容及产出四大指标的评价值，其计算方法与已知分组样本四大指标样本值计算方法相同，计算结果如表6－19所示。

表6－19　　区域创新系统发展阶段判别待检验样本基本信息

区域	主体	投入	内容	产出	预判阶段
山西	0.200	0.180	0.199	0.240	起步
江西	0.210	0.145	0.166	0.304	起步
广西	0.179	0.158	0.189	0.279	起步
云南	0.198	0.149	0.178	0.160	起步
甘肃	0.222	0.163	0.173	0.254	起步
河北	0.259	0.201	0.188	0.212	成长

续表

区域	主体	投入	内容	产出	预判阶段
吉林	0.216	0.224	0.213	0.356	成长
黑龙江	0.269	0.154	0.232	0.193	成长
山东	0.465	0.449	0.357	0.480	成长
河南	0.259	0.214	0.187	0.231	成长
重庆	0.224	0.247	0.262	0.350	成长
浙江	0.436	0.435	0.453	0.529	成熟

2. 待检验样本阶段判别分析

把表 6 – 19 各待检验样本的指标值依次代入公式（6 – 3）~ 公式（6 – 5）便可计算得到样本的阶段函数得分，并以此进行阶段调整，见表 6 – 20。

表 6 – 20　区域创新系统发展阶段判别待检验样本阶段判别调整

区域	阶段预判	起步阶段函数得分	成长阶段函数得分	成熟阶段函数得分	阶段判别调整
山西	起步	0.845	0.155	0.000	
江西	起步	0.978	0.022	0.000	
广西	起步	0.975	0.025	0.000	
云南	起步	0.921	0.079	0.000	
甘肃	起步	0.900	0.100	0.000	
河北	成长	0.277	0.723	0.000	
吉林	成长	0.644	0.356	0.000	起步
黑龙江	成长	0.204	0.796	0.000	
山东	成长	0.000	0.946	0.054	
河南	成长	0.246	0.754	0.000	
重庆	成长	0.155	0.845	0.000	
浙江	成熟	0.000	0.736	0.264	成长

通过判别分析对区域创新系统发展阶段预判待检验样本进行的阶段判别再调整显示，仅有两个地区的判别不一致，其中“吉林”由成长阶段被调整为起步阶段，浙江由“成熟”阶段调整为成长阶段。

3. 模型检验

对阶段识别模型的检验分为“判别分析模型”可信度检验与“灰色关联模型”可信度检验两部分。前者检验判别分析结果是否可信，后者检验区域创新系统发展阶段灰色关联预判模型的误判率及整体有效性。

（1）判别分析模型可信度检验。

判别分析模型可信度检验是通过对“已知分组样本”的再判定进行的，依次把已知分组样本各指标值代入分类判别函数表达式，计算样本各阶段函数得分，并依次再次进行阶段判定，比较再次判别结果与建立判别函数时划定的“阶段预判”进行比较，若两者相同则证明判别分析可信，若两者不同则说明判别分析有效性不足，一般认为当不一致样本量载10%以下时，认为判别分析具有较高的可信度，在10%～20%之间则认为可信度尚可，高于20%则认为判别分析模型可信度不足。而本研究对已知分组样本的再判别检验结果如表6－21所示，检验结果与预判完全一致，误判率为零，因此认为判别分析模型可信度高。

表6－21　区域创新系统发展阶段判别分析“已知分组样本”阶段检验

区域	阶段预判	起步阶段函数得分	成长阶段函数得分	成熟阶段函数得分	阶段检验
内蒙古	起步	0.998	0.002	0.000	一致
海南	起步	0.998	0.002	0.000	一致
贵州	起步	0.999	0.001	0.000	一致
青海	起步	1.000	0.000	0.000	一致

续表

区域	阶段预判	起步阶段函数得分	成长阶段函数得分	成熟阶段函数得分	阶段检验
宁夏	起步	1.000	0.000	0.000	一致
新疆	起步	0.998	0.002	0.000	一致
天津	成长	0.001	0.999	0.000	一致
辽宁	成长	0.000	1.000	0.000	一致
安徽	成长	0.001	0.999	0.000	一致
福建	成长	0.003	0.997	0.000	一致
湖北	成长	0.000	1.000	0.000	一致
湖南	成长	0.001	0.999	0.000	一致
四川	成长	0.000	1.000	0.000	一致
陕西	成长	0.000	1.000	0.000	一致
北京	成熟	0.000	0.000	1.000	一致
上海	成熟	0.000	0.001	0.999	一致
江苏	成熟	0.000	0.000	1.000	一致
广东	成熟	0.000	0.000	1.000	一致

（2）灰色关联模型可信度检验。

综合区域创新系统发展阶段的灰色关联预判模型与判别分析检验模型的分析结果，汇总如表 6－22 所示。在对我国除港澳台地区及西藏外的 30 个省市区的区域创新系统发展阶段识别分析中，共有两个地区出现误判，依次为吉林由起步阶段误判为成长阶段，浙江由成长阶段误判为成熟阶段，整体误判概率为 6.7%。分阶段来看，被灰色关联模型预判为起步阶段的 11 个地区最终均确认为起步阶段，但吉林未能被预判为起步阶段，因此整体误判概率为 8.3%；被灰色关联模型预判为成长阶段的地区共 14 个，这其中最终确认为成长阶段的有 13 个，同时浙江未能被预判为成长阶段，因此整体误判概率为14.3%；被灰色关联模型预判为成熟阶段的5个地区中，最终被确认为成熟阶段的共4个地区，误判率为25%。

表6－22　　区域创新系统发展阶段灰色关联预判模型检验

阶段	判定地区数	误判风险地区数	误判地区（最终阶段）	最终阶段地区数	整体误判率（%）
起步	6	5	—	12	8.3
成长	8	6	吉林（起步）	14	14.3
成熟	4	1	浙江（成长）	4	25.0
合计	18	12	2个	30	6.7

整体来看，区域创新系统发展阶段灰色关联预判模型整体误判率较低，模型具有较高的可信度。但对于成熟阶段的判定上存在较大的误判风险，仍需要使用判别分析进行阶段判别结果检验与调整。

6.4 省域区域创新系统发展阶段特征

通过综合运用区域创新系统发展阶段灰色关联预判模型与判别分析检验模型，对我国除港澳台地区及西藏外的30个省域创新系统进行发展阶段识别分析显示：我国共有4个地区进入到区域创新系统成熟阶段，14个地区处于区域创新系统成长阶段，12个地区仍为区域创新系统起步阶段，如表6－23所示。对我国各地区的区域创新系统发展阶段及关键指标进行分析发现：区域创新系统发展阶段与区域经济发展水平具有很高的一致性，创新投入与产出水平对系统创新发展阶段起到决定性作用，创新型国家标志性指标具有较高的阶段区分能力。

表 6 – 23　　区域创新系统发展阶段识别结果

阶段	地区
成熟	北京、上海、江苏、广东
成长	天津、山东、浙江、福建、安徽、湖北、湖南、河北、河南、陕西、四川、重庆、辽宁、黑龙江
起步	山西、内蒙古、江西、海南、青海、宁夏、甘肃、新疆、广西、贵州、云南、吉林

注：由于数据缺失，中国西藏、香港、澳门、台湾不在本研究范围内。

6.4.1　创新阶段与经济水平匹配

我国地域广阔，受区位、交通、资源、文化、政策等因素的影响，各地区经济发展水平差距显著，总体来看表现为东部沿海发达、中西部相对落后的区域经济格局。在以上对于我国省域区域创新系统发展阶段的研究中能够发现，我国省域区域创新系统发展阶段也呈现出较为明显的区域分布特征：东部各省市区域创新系统相对成熟，而中西部及东北相对落后。区域创新系统发展阶段与区域经济发展水平呈现出很高的吻合度。把各处于各阶段的区域创新系统发展阶段与经济水平相结合进行分析，能够显著发现两者的高度相关性。

1. 京沪创新服务化

北京与上海是我国经济发展水平最高的地区，也是我国公认的创新高地。北京作为我国的政治经济文化科教中心，集聚了包括北京大学、清华大学在内的 57 所本科以上高校，是我国本科高校最多的城市与省级行政单位。同时也集聚了全国最多的科研机构，共有国家实验室、国家工程实验室、企业与高校办独立科研机构等各种形式的科研机构共 379 所，R&D 研发机构课题数量 24 462 项占到全国总数的 30% 以上。每百万人中 R&D 人员数达 300 人以上，R&D 经费投入强度高达 5.95%，专利申请受理量中发明专利比重也高达 57%，技术输出输入金额比达2.52，全部为全国第一。1988年建立的我国第一个高新技术产业开发区——中关村科技园，成为我国科技创新最活跃、创新成果最丰硕、经济辐射最强劲的自主创新高地，2009年成为我国第一个“国家自主创新示范区”，正努力建设成为具有全球影响力的科技创新中心。同时北京也在努力进行产业结构调整，服务业正快速代替工业成为北京的经济核心，其比重高达76.5%。工业企业大批减少也促使北京转而向外输出大量创新成果，因此其技术输出收入高达输入收入的2.52倍，同时高水平的创新产出（发明专利申请比重高达57%）也是其创新高端化的体现。北京在其经济服务化的同时，也进行着创新服务化转变，成为辐射全国的科技创新中心。

上海是我国经济文化科技教育中心，是我国长三角经济区的龙头城市，国家级中心城市。2012年上海服务业比重已经高达60%，这其中科技服务占有重要作用，R&D投入强度3.37%，专利申请受理量中发明专利比重达到45%，新产品销售收入比重高达21.7%，高新技术产业比重20.7%。上海张江高科技园区是我国第三个国家自主创新示范区。凭借在全球经济贸易中的重要地位，上海成为我国东部地区技术、资本与产品交易的中转城市，其创新成果辐射长三角乃至整个长江流域。

2. “苏”“粤”模式再创新

苏南模式与广东模式创造了我国经济发展的两大奇迹，也成就了江苏与广东我国经济最发达的地区，在面临国家产业升级、发展方式转型的时代新要求下，两大模式也发生着新的变化。

苏南模式由著名经济学家费孝通教授总结提出，主要表现为强势政府主导，以乡镇集体企业为主体而实现的经济快速发展模式，也被称“地方政府公司主义模式”，“华西村”正是这一模式发展的典范。当面临市场经济新挑战的时候，以中国—新加坡合作建立的“苏州工业园”为代表新型创新发展道路成为苏南模式的新发展。园区是两国政府签署协议兴办的国际合作项目；行政管理由中方全权负责，成片开发由中新合资的开发公司负责，对外招商引资由中国与新加坡共同负责；园区自主地、有选择地借鉴新加坡经济发展和公共管理方面的经验。2011 年 R&D 经费投入强度达 3.33%（科技部火炬中心口径为 4.8%），拥有各类研发机构 300 个，国家高新技术企业 459 家，各项指标超过众多国家级高新区，为区域创新发展做出了巨大贡献。园区是也唯一被列入《中国火炬统计年鉴》统计范围的“非国家级高新区”，为我国高新区发展探索了一条快速发展道路，成为国内众多高新区发展的标杆。

广东模式是费孝通教授提出的另一种有影响的区域经济发展模式，珠江三角洲在从计划经济向市场经济转轨的过程中，利用国家赋予的优惠政策和独特优势，与外来资源相结合，创造了外向型快速工业化经济发展的特区模式。深圳在这一模式下迅速成为我国区域中心城市、重要创新城市。在国际金融危机冲击和国内产业结构升级调整下，广东大力推进粤港澳区域一体化合作，东莞“腾笼换鸟”、广州财政公开、顺德大部制改革与深圳权力制衡试验等制度创新。同时，积极探索建立粤港澳跨区域创新系统，持续推动区域创新发展。

3. 工业强省创新升级转型

处于创新系统成长阶段的地区，多为传统工业强省，第二产业比重均在 50% 以上，同时也是国家级高新技术开发区的密集区，科教等创新资源集聚区，高新技术产业正成为推动工业发展的主导力量。

天津、山东、浙江与福建是东部地区工业龙头省市，同时也是我国对外开放的前沿地带，在新一轮国际产业分工调整中，为了摆脱传统低效能工业，正依托良好的工业基础和丰富的科教资源寻求以创新为手段提升产品技术含量，提高市场竞争力，推动产业结构升级转型。以浙江为例，以国际代加工为主要形式的劳动密集型低附加值民营经济一直在浙江经济腾飞中扮演重要角色，温州模式曾经是市场经济下快速发展的典范，然而金融危机对低端加工制造业的强大冲击正迫使浙江通过技术创新寻求产业竞争力的提升。浙江正以义乌市国际贸易综合改革试点、温州市金融综合改革试验区、舟山群岛国家级新区为依托，探寻体制创新、科技创新与管理创新全面发展的区域创新大发展，进而实现由经济强省向创新强省的转变。

湖北、湖南、陕西、四川、重庆、辽宁等区域经济强省积极发挥地区龙头作用，强化自身科技、资本、产业等资源聚集能力，实现区域创新高低建设及创新型经济发展道路。以湖北为例，武汉东湖国家自主创新示范区是我国第二个国家级自主创新示范区，更是中西部地区唯一的自主创新示范区，其光电子产业产品占据国际市场50%以上的份额，“中国光谷”的品牌已经实现国际化。东湖高新区在大规模扩容的同时，强化引进世界知名科技创新型企业实现产业链延伸的创新突破，同时配套区域金融服务中心、信息交换中心的建设，构建立体创新环境。在强化创新集聚的同时，也通过创新实现经济发展的突破，以及对周边地区经济发展的产业辐射与科技发展的创新支持。

河南、安徽、黑龙江等刚实现区域创新系统由起步进入成长阶段的地区，更是抓住国际国内产业转移的大趋势，在有选择地接收具有科技竞争力的产业的同时，也通过安徽合芜蚌自主创新综合试验区、黑龙江省现代农业综合配套改革试验区等探索创新发展道路，以推动工业快速发展的同时完成产业结构的转型。

4. 落后省份新型工业化突围

区域创新系统处于起步阶段的地区多为中西部工业落后地区，虽有资源优势或临边贸易优势，但区位交通等因素制约了工业发展，而在我国资源环境制约的大背景下，先污染后治理、高消耗高污染的传统粗放型工业化模式已经难以持续，资源节约型、环境友好型，以信息化促进工业化、以工业化带动信息化的新型工业化模式成为必然选择，也成为工业落后地区实现发展突破的重要途径。

以甘肃国家级循环经济示范区、海南国际旅游岛、内蒙古荒漠防治与沙产业、山西国家资源型经济转型综合配套改革试验区、陕西杨凌国家农业高新技术产业示范区、贵州国家生态文明先行示范区、江西国家生态文明先行示范区、宁夏内陆开放型经济试验区、云南省和广西壮族自治区沿边金融综合改革试验区等为代表的新型工业化发展创新试验区，贵州贵安新区、甘肃兰州新区等重点建设的国家级新区，以及众多正在建设的国家级、省级试验区与示范区构筑的创新探索特区，已经成为区域经济创新发展和跨越式发展的重要推动力量。

6.4.2　投入与产出主导创新阶段

区域创新系统由创新主体、创新投入、创新内容与创新产出四大维度共 12 个要素构成，是一个复杂的社会经济系统。区域创新系统发展阶段是由系统内部各要素相互作用推动系统不断发展而呈现出的整体特征变化，整体阶段特征由系统要素状态与关系共同决定，但系统内部要素发展阶段却很难通过整体阶段特征做出判断。根据区域创新系统发展阶段灰色关联预判模型对我国 30 个省市区的区域创新系统四大维度发展水平进行阶段识别，能够发现众多地区系统要素阶段与综合阶段存在差异，四大维度要素发展阶段不均衡等特点，如表 6 - 24 所示。

表 6 - 24　　　区域创新系统要素发展阶段不均衡地区

综合阶段	地区	主体阶段	投入阶段	内容阶段	产出阶段
起步	内蒙古	起步	起步	成长	起步
	江西	成长	起步	起步	起步
	广西	成长	起步	起步	起步
	云南	成长	起步	起步	起步
	甘肃	成长	起步	起步	起步
	吉林	成长	成长	起步	起步

续表

综合阶段	地区	主体阶段	投入阶段	内容阶段	产出阶段
成长	河北	成长	成长	成长	起步
	重庆	起步	成长	成长	起步
	辽宁	成熟	成长	成长	成长
	福建	成长	成长	成熟	成长
	山东	成熟	成熟	成长	成长
	浙江	成长	成长	成熟	成熟
成熟	上海	成长	成熟	成熟	成熟
	广东	成熟	成熟	成长	成熟

在对我国除港澳台地区及西藏以外的30个省域区域创新系统进行系统四大维度要素创新阶段识别中，挑选出要素发展阶段与综合阶段不同的14个地区构成表6－24，比例达到47%。具体来看，起步阶段的区域创新系统主体发展阶段较高、成长阶段创新产出发展较滞后、成熟阶段的确定中投入与产出发展水平起决定作用。

1. 起步阶段创新主体发展较高

区域创新系统处于起步阶段的12个地区中6个存在系统要素发展阶段与综合阶段不相同，而这其中5个是区域创新主体发展阶段较综合发展阶段高。这说明建设区域创新系统的第一步是集聚企业、科研院所等创新主体，创新主体是区域创新系统发展的基础；同时，简单的创新主体集聚与增长并不能推动创新系统的阶段提升，还需要创新投入、创新内容与创新产出发展的共同支撑才能实现区域创新系统发展阶段的提升。

2. 成长阶段创新产出发展滞后

成长阶段的区域创新系统四大维度发展阶段与系统整体阶段不相同

的有 6 个地区，其中河北与重庆为要素发展阶段滞后，浙江、福建、山东与辽宁为要素发展阶段超前。河北区域创新系统创新产出发展阶段为起步阶段，重庆的创新主体与创新产出均为起步阶段，共同特征为创新产出发展相对落后。浙江区域创新系统的创新内容与创新产出发展水平较高、山东的创新主体与创新投入发展水平较高、辽宁的创新主体发展水平较高、福建的创新内容发展水平较高。总体来看创新投入与创新产出难以实现超前发展，尤其是创新产出发展阶段相对滞后其他要素的发展。

3. 成熟阶段投入与产出起决定作用

区域创新系统处于成熟阶段的上海与广东分别存在创新主体或创新内容发展阶段相对滞后，但两者的创新投入与创新产出均同时达到成熟阶段。而处于成长阶段后期的浙江与山东，虽然均有两个要素发展水平进入成熟阶段，但均没有实现创新投入与创新产出同时进入成熟阶段，因此仍处于区域创新系统发展的成长阶段。可见创新投入与创新产出发展水平是决定区域创新系统是否进入成熟阶段的最关键指标。

6.4.3　创新标志性指标区分度高

本书研究建立的区域创新系统发展阶段识别指标体系包含 56 个四级指标，且综合使用了灰色关联度与判别分析进行计量分析，虽然相对全面客观，但识别过程较为复杂，能否通过少数标志性指标能直接进行区域创新系统发展阶段的预判，以提供更加直观的阶段识别方式，值得探讨。

目前国际公认的创新型国家主要包括以美国、日本、德国、芬兰、英国、法国、瑞典、韩国、新加坡等 20 多个国家和地区，其共同特征是：R&D（研究与开发）支出占 GDP 的比例一般在 2% 以上；科技进步贡献率达 70% 以上；自主创新能力强，国家的对外技术依存度指标通常在 30% 以下；所拥有的发明专利总量占全世界总数的 99%。结合上节对于创新要素发展阶段研究发现的创新投入与创新产出是决定区域创新系统发展阶段的最核心要素。这里试图从区域创新投入的 R&D 投入强度、创新内容的有效发明专利存量、创新产出的高技术产业比重中寻找区域创新系统阶段识别的标志性指标。

1. R&D 投入强度阶段区间相对明显

R&D 投入强度是创新型国家建设的重要标志，2012 年我国创新投入强度达到 1.98%，接近创新型国家的 2%。而对我国各阶段地区的创新投入强度进行分析发现，R&D 投入强度与创新系统发展阶段并不匹配，但呈现出一定的阶段分布区间。

处于成熟阶段的地区其 R&D 投入强度最低值为广东的 2.17%，仅有成长阶段的天津其 R&D 投入强度却高达 2.8%，超越江苏与广东。处于成长阶段的地区 R&D 投入强度普遍在 1% ~ 2% 之间，但有天津（2.8%）、浙江（2.08%）与山东（2.04%）三个地区高于 2%，河北（0.92%）低于 1%；处于起步阶段的地区 R&D 投入强度普遍低于 1%，仅有山西（1.09%）与甘肃（1.07%）的 R&D 投入强度高于 1%。因此，R&D 投入强度高的地区，其区域创新系统发展阶段相对较高，虽有部分地区 R&D 投入强度较高而创新发展整体水平不高，但总体上 R&D 投入强度与区域创新系统发展阶段具有较高的一致性（见图 6 - 15）。

2. 有效发明专利存量与发展阶段高度吻合

发明专利是创新程度最高的专利形式，有效发明专利数量多少被认为是创新型国家的重要标志之一。专利都具有一定的法律保护有效期，发明专利同样如此，处于有效保护期内的发明专利往往是具有世界最高科技含量的尖端技术，将在很长一段时期对科技创新产生广泛影响，保护期内的专利必须通过缴纳技术转让费等方法获得使用权，而不允许模仿或抄袭。有效发明专利数量是区域在多个时期内最高水平创新成果的积累，不仅能反映当期技术创新水平，同样包含了历史时期成果的有效延续，因此比当期发明专利申请量或授权量更加科学。

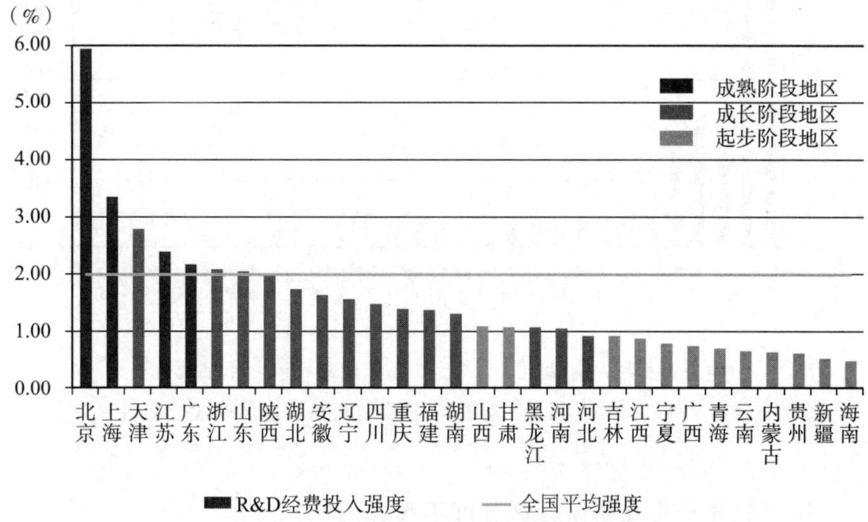

图 6－15　R&D 投入强度与区域创新系统发展阶段一致性

我国有效发明专利存量数量最高的四个地区依次为广东（78 902 件）、北京（69 554 件）、江苏（45 238 件）与上海（40 309 件），在全国有效发明专利总量中的比重之和超过 50%。分列五、六位的浙江（35 571 件）和山东（21 943 件）两大处于区域创新系统成长阶段向成熟阶段过渡的地区，前六个地区的有效发明专利存量之和占到全国总量的 63.1%。区域创新系统成长阶段地区中有效发明专利最少的为河北 5 838 件，起步阶段中有效发明专利数量最多的吉林为 4 809 件，可见区域创新系统不同发展阶段地区有效发明专利存量具有显著区分点。从数量上看，成熟阶段有效发明专利存量在 40 000 以上，起步阶段地区则低于 4 000；从比重上看，成熟阶段有效发明专利存量占全国总数的比重在 8% 以上，起步阶段则普遍低于 1%。因此可以通过地区有效发明专利数量及其在全国占比进行区域创新系统发展阶段的判别，且具有很高的准确度（见图 6－16）。

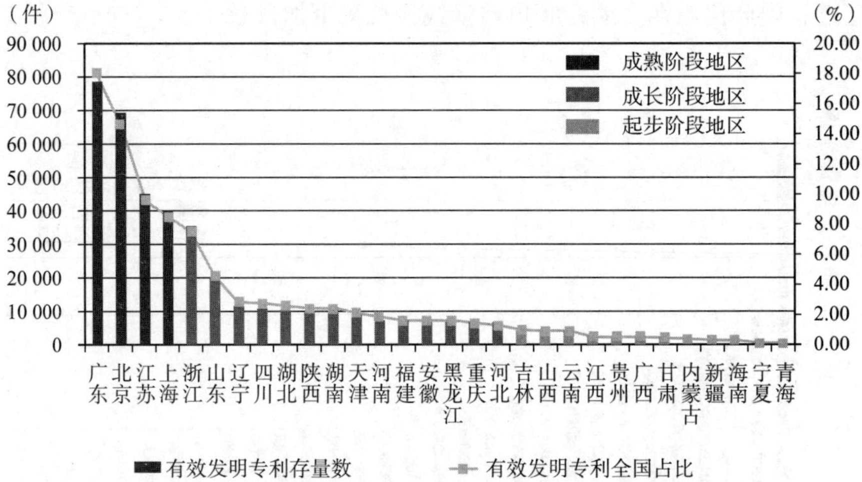

图 6-16　有效发明专利存量与区域创新系统发展阶段一致性

3. 高技术产业比重阶段区分度不高

高技术产业比重是创新对区域经济作用的最直接反映，考虑到不同区域工业化发展阶段差异可能导致工业在国民经济比重的不同，这里用高技术产业在工业中的比重作为探讨对象，一般认为高技术产业工业比重越高则区域工业的高新化程度越高，区域创新的经济贡献度也就越高。

广东、北京、上海、江苏等四大区域创新系统成熟区域，其高技术产业比重名列各地区之首，分别达到 26.7%、21.1%、20.7% 和 19.2%，显著高于区域创新系统处于成长或起步阶段的地区。处于成长阶段的地区高技术产业比重较高的依次为天津、重庆、四川、福建，比重分别达到 14.9%、14.6%、12.6%、11.1%；陕西等 6 个地区比重分布在 6%～8%之间；安徽、辽宁、黑龙江与河北高技术产业比重却仅有 5.1%、4.6%、4.2%与 2.8%，不足全国 11%平均水平的一半。处于起步阶段的地区高技术产业比重最高的海南与江西比重分别达到 9.0% 和 8.2%，高于多数成长阶段的地区比重值；贵州、吉林与广西三个地区比重介于 5%～6%之间，高于安徽等四个处于成长阶段的地区；除新疆之外的其他 6 个地区比重介于 1% ~4% 之间。可以看出，虽然高技术产业工业比重呈现不同区域组团的阶梯化分布特征，但并不符合区域创新系统发展阶段的分布，仅成熟阶段地区高技术产业比重显著高于其他阶段，而起步阶段有较多地区高技术产业比重高于成长阶段地区，成长阶段也有较多地区高技术产业比重低于起步地区，因此高技术产业工业比重并不能作为阶段识别的标志性指标（见图 6－17）。

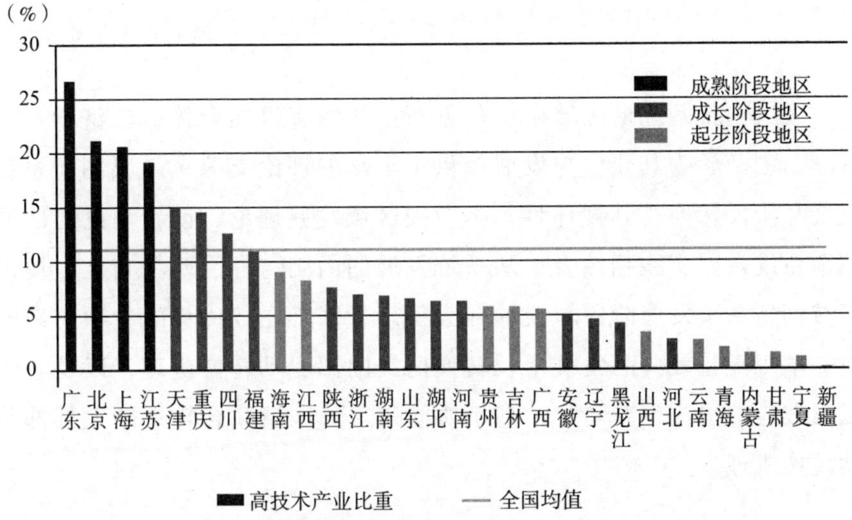

图 6－17　高技术产业比重与区域创新系统发展阶段一致性

第 7 章

区域创新系统发展阶段转换机理

区域创新系统是区域发展与创新系统的有机结合体，经济学、系统学、创新学为其建立与发展提供了丰富的理论支撑。区域创新系统发展与阶段转换有其规律性，本章把区域发展理论、创新理论与区域创新系统发展实践相结合，从系统发展的内因与外因两大角度，提出区域创新系统发展阶段转换的四大机理：基于比较优势的专项突破转换、基于极化效应的集群生长转换两大内部驱动转换机理，以及基于溢出效应的引进创新转化、基于协同效应的区域联合转换两大外部驱动转换机理。

7.1 基于比较优势的专项突破转换

核心竞争力是产品、企业、行业或区域参与市场竞争中最具优势的部分，是市场主体在一定时期保持现有或潜在竞争优势的核心要素。对于区域创新系统而言，核心竞争力是其在资源获取、特定技术领域、市场、生产组织方式等领域其他地区短期内难以超越的比较优势，是区域创新系统实现发展阶段转换的最关键因素。我国虽然已经实现经济大国目标，但科技领域我国仍是技术进口国，与美国、欧盟、日本等创新型国家和地区仍有较大差距。作为国家创新系统支撑的区域创新系统只有结合自身优势，集中优势资源在某一专业领域实现自主创新突破才能不断积聚与扩大比较优势，实现区域创新能力的提升，推动系统发展阶段向高一级转换。

基于比较优势的区域创新系统发展阶段转换，是指通过集中自身优势资源在某一个或几个专业领域实现自主创新突破，进而获得技术创新领先的比较优势，通过不断扩大比较优势的领域深度与广度，实现系统全面比较优势的提升，最终实现区域创新系统发展阶段转换。

7.1.1　区域创新比较优势

为了解决生产弱势地区的国际贸易获利问题，及学者们对于自由贸易中一切商品均无优势地区的偏见，李嘉图在亚当·斯密绝对优势理论基础上提出比较优势理论。

比较优势理论认为并非只有具有绝对生产优势才能在国际贸易中获利，一个国家或地区只要在不同产品生产上具有相对比较优势，便能够在国际贸易中获得好处（见图7-1）。具体而言，某一国家或地区在多种商品生产上均具有绝对优势，那么它应该选择生产优势最大的商品，而不是生产全部商品；在各种商品生产上均具有绝对劣势的国家或地区，应该选择劣势最小的商品；无论是绝对优势地区还是绝对劣势地区，通过集中资源生产最具比较优势的商品，购买其他商品，均能在国际贸易中获得最大利益。赫克歇尔和俄林在此基础上提出要素禀赋论，即只考虑生产成本不考虑市场需求总量情况下，每个地区均应选择生产要素获取成本最低的产品，以获得生产的比较优势。微观层面波特提出的企业三大竞争战略中的差异化与专一化战略均是比较优势理论的发展，差异化使企业提供的产品或服务的某一方面或某一特性超越竞争对手，专一化使企业专注于服务某一细分市场的特色需求而获得竞争优势。

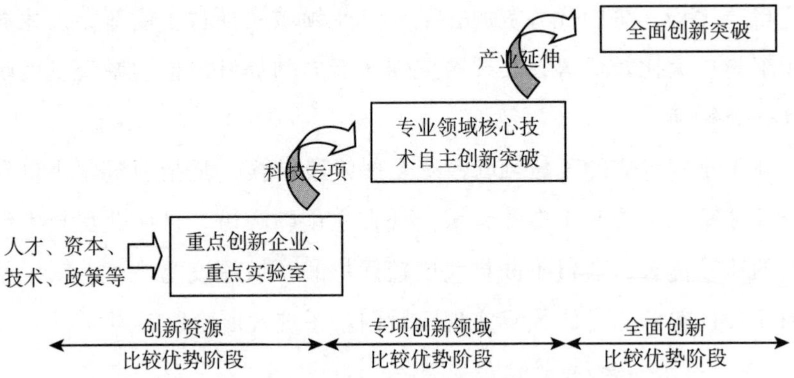

图7－1　基于比较优势的区域创新发展阶段转换机理

对于区域创新系统而言，各地区间资源禀赋不同，在不同科技与产业领域创新中也具有比较优势，受资源稀缺的影响，多数地区不具备同时实现多领域创新发展的可行性，因而为了保持区域创新系统在国内及国际创新中的持续竞争力，依据区域比较优势条件来选择创新的主导方向，通过持续的创新来培育区域特定技术、产业的比较优势地位，进而实现主导方向创新发展带动区域创新的全面突破。

具体来说，一定区域无论是绝对优势区域还是绝对劣势区域，均存在创新资源稀缺的限制，因此应该根据区域内强势创新企业构成、国家重点实验室、国家工程技术中心、高校优势强势学科等资源，选择重点发展的技术创新领域，对该领域提供人才、资本、技术、政策等方面的大力支持，通过争取国家科技专项、设立地区科技专项的形式，实现专项领域的核心技术自主创新突破，围绕核心技术做大做强产业支撑，通过持续创新投入维持领域内的创新比较优势；在此基础上，通过技术创新在产业链及相关产业的溢出效应，实现区域整体创新能力的提升，进而推动区域创新发展阶段转换。

7.1.2　科技专项奠定比较优势

重大科技专项是我国在当前创新实力有限的条件下，发挥集中资源办大事的优势，在国家层面组织实施的比较优势培育工程，是为了解决我国经济发展中面临的核心技术制约问题，由中央制定、科技部主导通过专项资金与人员投入、多主体多领域合作攻关形式实施的，大规模、长周期、高技术含量、高集成的重大创新活动。同时，重大科技专项具有广泛的带动效应，能够促进相关产业竞争力赶超世界先进水平，培育一批具有世界顶级创新能力的人才，引导我国产业结构向着高端化方向发展，进而带动经济社会的全面进步。

“863 计划”（国家高技术研究发展计划）与“973 计划”（国家重点基础研究发展计划）是我国实施最早、成果最为丰硕的科技发展计划，目前计划产生的重大科技突破已经应用到社会生产的各方面与生活的各领域。第三代移动通信、高性能计算机、语音识别、高速信息网络、北斗星系统、超级杂交水稻、抗虫棉等在市场应用中已经取得了巨大的经济与社会价值，新一代核反应堆、深海与极地探测、航空航天、基因工程等已经达到或接近世界最高水平，为我国未来科技竞争与产业竞争奠定了坚实的基础。中央于 2006 年开始制定实施新一轮科技重大专项，确定 16 项单个投资超百亿重大项目，争取在核高基、大飞机、载人航天与探月、移动宽带通信、集成电路装备等多领域实现自主创新突破。

目前，我国尚未完成工业化，在科技、经济领域与发达国家的差距仍很大，然而得益于国家重大科技专项的推动，我国的航天技术已经走在世界前列。目前我国卫星发射与在轨总量位居世界第三，北斗卫星导航系统是世界上第三大导航系统，成为第三个实现月球软着陆的国家。而随着民用航空产业的快速发展，实现航空核心技术自主化，完全独立制造大飞机，已经成为我国经济社会发展必须要面对的重大课题，对于我国实现高科技产业核心技术自主创新突破也具有重大意义。2006 年立项的国家中长期科技规划重大专项——国产大飞机项目已经进入工程发展阶段，中国商用飞机有限责任公司成立，“C919”累计订单达到 380 架，已经进入机身总装阶段，2015 年实现首飞。通过实施大型客机项目，中国初步形成了民用飞机产业体系和产业链，打破了美国与欧洲在大型民用飞机领域的技术垄断。

另外通过科技专项的推动，我国在新一代移动通信网、高性能计算机、核心电子器件、高端通用芯片及基础软件产品等重大项目研究方面也取得了重大成果，形成了一系列科技创新理论和可进行实际应用的产品和服务，极大地提高了重大专项科研水平和工作效率，探索出符合区域科研规律的国家重大科研项目重点突破模式。

7.1.3　优势扩展推动阶段转换

任何区域的发展与壮大均是从特色产业实现突破的，美国硅谷以半导体产业集群起步，已经发展成为世界尖端科技的创新集聚地。“中关村电子一条街”经历了“中关村科技园区”、我国第一个国家级高新区、国家自主创新示范区，已经成为我国科技创新的领导者，成为具有世界影响力的创新中心。武汉东湖高新区则以光电子产业起步，逐步壮大形成以光电子产业、生物产业、环保节能、装备制造为主导的高技术产业全面发展的国内领先的高新区。

1988 年武汉成立东湖高新区，1993 年东湖成为国家级高新区，开启了其以光电子产业打造“武汉 · 中国光谷”的历程。2009 年东湖高新区成为我国第二个国家自主创新示范区，走向自主创新的全面突破阶段。

在 21 世纪初世界光电子产业迅速成长的科技浪潮中，中国紧跟美、德、日等发达国家的“激光计划”，在武汉、北京、上海、长春和深圳建设光电子产业基地，期望在世界高技术产业由微电子向光电子产业转移的竞争中占得先机。武汉迅速抓住光电子产业大发展的机遇，依托武汉邮科院、国家光纤通信研究中心、国家光电子工艺中心、华中科技大学激光技术国家重点实验室等在光电子领域具有一定数量国内领先技术的研究中心，努力打造国家光电子信息产业基地“中国光谷”品牌。

1999 年东湖国家高新区内从事光电子信息产业研究开发和生产的企业已经达到 140 多家，从业人员 3 万多人，年生产光纤 250 万公里、光缆 6 万公里，生产能力居全国第一。经过多年的发展，东湖高新区光纤光缆生产规模全球第一，国内市场占有率连续十年达 50% 以上，世界市场占 1/4 以上，同时也成为我国最大的光纤光缆研发基地，在光通信、激光、集成电路、光显示、半导体照明等领域竞争优势显著。

凭借着光电子信息产业的巨大成功，武汉东湖国家高新区又在生物、环保节能、装备制造、现代服务业等领域相继开拓，呈现出五大产业竞相发展的局面，涌现出一批堪称业界翘楚的高新技术企业和一大批科技创新成果。2007 年生物产业产值突破千亿大关，并获批“国家生物产业基地”。2009 年东湖高新区上升为“国家自主创新示范区”，并于 2010 年扩容 1 倍以上，面积达到 518 平方公里。2013 年东湖国家自主创新示范区累计注册企业 2. 4 万家，企业总收入达到 6 517 亿元，同比增长 30. 2%；高技术企业 672 家，其中世界 500 强企业 65 家；上市公司 33 家，新三板挂牌企业 30 家，产业技术研究院 8 家，产业技术联盟 39 家，其中国家级产业技术联盟 8 个；专利申请 13 021 件，占武汉专利申请量的 50. 7%；企业累计主导创制国际标准 10 项、国家标准 282 项，在科技部公布的国家高新区评价中东湖国家自主创新示范区综合实力位居全国第三位，技术创新能力排名第二，仅次于北京。

7. 2 基于极化效应的集群生长转换

非均衡发展理论与均衡发展理论是区域发展的两大重要路径理论，阿尔伯特·赫希曼的不平衡增长论、佩鲁的增长极理论、弗里德曼的中心—外围理论与区域经济梯度推移理论的本质均是强调区域非均衡发展效应。区域创新系统作为区域经济发展的子系统，其发展规律在很多方面与区域经济发展存在共同特征。

创新是为了获取竞争优势，区域创新是为了获取区域发展的竞争优势，并通过创新维持区域竞争优势，以获取更多的发展资源与空间。因此，创新的出发点是区域非均衡，其目的也是为了实现非均衡。而对于一个广阔区域而言，必然存在创新落后地区与创新领先地区，领先地区便是区域创新增长极。创新增长极的持续创新强化极化效应与集群创新发展，同时也带动更广大区域的创新发展，这便是区域创新系统非均衡发展的本质。

7.2.1 极化效应与集群创新

1. 极化效应

法国经济学家佩鲁（Perroux）基于产业视角研究区域经济差异时提出“增长极”的概念，此时的增长极指的是在区域经济中具有较强增长潜力的产业门类，这些产业门类能够通过极化作用与扩散效应实现对其他产业增长的带动，进而表现为区域的不平衡发展。布代维尔、赫希曼、艾萨尔德与吉尔伯特等学者对“佩鲁增长极”进行发展与完善，更加注重对区域不平衡发展的解释。“极化效应”“回波效应”“扩散效应”等的相继提出，更加丰富与完善了区域增长极理论，为国家干预区域经济发展提供了理论依据。在初始完全均衡的一定区域内，一个地区由地理、区位和中心优势成长为增长极，并通过极化效应形成对自然资源、资本、劳动力的集聚，从而实现非均衡增长；增长极成长到一定规模，又能通过扩散效应将产业延伸到广阔的腹地，从而带动整个区域的发展。

增长极理论认为增长极是经济活动的集聚地和经济增长的发动机，增长极在较小区域内集聚一定规模的具有较强创新能力和增长能力的企业与产业，降低区域内企业生产成本、提高整体经济效益，进而形成对区域资源的集聚力。增长极的产生需要一定的区域与经济条件作为支撑，并非任何区域均具备产生极化效应的可能。在均质空间假设下，任何地区的发展基础与水平均是相同的，改变均质空间上的随意一个区域的条件，形成非均质空间便会引发非均衡发展。若这种改变是有利因素，则产生极化效应，促使均质空间的要素向该区域集聚，进而形成增长极；增长极的形成又使极化效应得到进一步加强与扩大。当增长极较弱而无法通过集群效应与规模效应对区域内资源形成较强吸引力时，往往需要政策、交通、信息、资本等的推动形成经济发展“洼地”，一旦增长极拥有了较强的产业竞争力和对生产要素的强大吸引力，极化效应便强化这一过程，拉大区域不均衡。这一过程首先以生产要素的集聚和市场经济活动的集聚为表征，进而在一定空间内市场高度集中引发规模经济与集群经济，拉动更多领域和更大区域的发展。与极化效应对应的是扩散效应，增长极规模的持续扩大需要更多土地，进而带动周边地区产业的发展，劳动力的集聚也增加了市场消费规模扩大，带动周边地区消费服务产业的发展。

2. 集群创新

熊彼特认为创新并不是孤立的，它们总是趋于集群成簇地发生。我国学者王缉慈（1999）认为创新常常来自产业集群。由于创新的系统性和创新资源的分散性，单个创新主体的资源水平与创新能力往往有限，多数技术创新并不能在单个主体内完成，创新所需要的技术、资本与人才往往需要从外部获取，因此产业集群也有利于创新的产生。

集群创新是在一定地理范围内集聚而形成的企业网络体系中各企业通过共享产业集群内部的人才、科技、知识、资本等资源进行相互学习交流和相互竞争合作，推进新知识、新科技运用于生产经营而实现经济价值的过程。集群为企业的创新活动提供良好的环境。在集群内部，各企业共享公共基础设施、交通通信等服务设施和配套服务设施等资源，从而能够有效降低企业进行技术创新所需要花费的大量成本投入和提高企业技术创新效率。集群内企业在产业链关联作用下，为了保持与核心企业的合作关系主动通过技术创新满足其技术标准；产业内同质产品企业间的竞争也促使企业寻求通过创新保持其生存与发展的市场空间。集群内的信息流动，能丰富创新主体的信息来源，降低市场信息不对称造成的决策错误，提高主体对市场创新需求的把握能力，进而提高创新成功率。

3. 区域创新增长极发展过程

区域创新系统的发展依赖创新增长极的培育与发展，创新增长极的建立与发展则依赖极化效应作用。根据极化效应，首先通过制度创新形成创新资源集聚"洼地"，当创新增长极的整体规模达到一定水平后，将通过规模效应激发集聚效应，形成创新增长极的自发生长，这种自发生长在带动创新增长极向更高阶段发展的同时，也将带动更大区域的创新水平提升，实现区域创新系统发展阶段转换（见图7－2）。

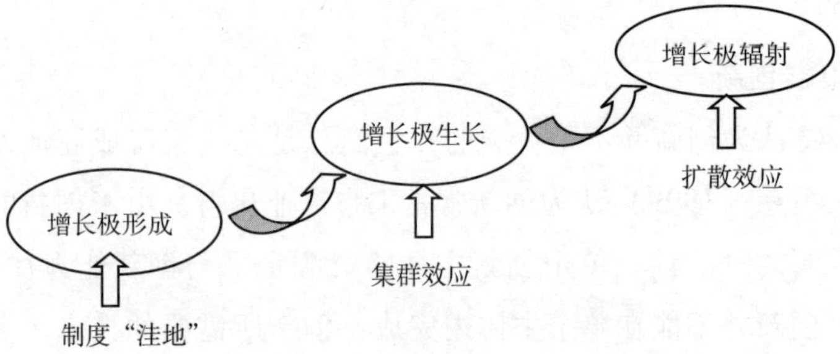

图7－2　区域创新系统极化发展过程

7.2.2　制度"洼地"促生极化效应

创新的极化使区域创新中心与外围区域的创新能力呈现明显差异，创新增长极内显著的外部优势和丰富的创新资源，能够使创新主体的投入最小化、风险最小化和收益最大化，因而能够吸引大量相关企业进入；创新增长极内活跃的创新氛围以及良好的工作环境，能够吸引大量高素质专业人才进入；创新增长极内明显的成本优势和创新效率优势将为投资者带来丰厚的回报，因而能够吸引大量资本尤其是风险投资资本进入；创新增长极内完善的企业和产业协作机制和分工机制产生大量技术需求，同时加剧创新主体间的创新竞争；主体间的组织学习、交流互动和协作研发以及新技术的引进与传播能催生和吸引大量新技术进入。

对于创新后发地区而言，通过政策设立创新特区，是全球范围内广泛采用的区域创新发展模式，高新区是区域创新增长极的主要模式。我国自 1988 年建立第一个国家高新区——北京中关村，至 2014 年初已相继确立了 114 个国家高新区和 4 个国家自主创新示范区（含试验区）。在国家政策的支持下，国家高新区的建设日臻成熟，创新体系和整体功能渐趋完备，自主创新和辐射能力强劲，创新和创业文化氛围良好，成为引领全国高新技术产业化的主战场。2011 年 88 家国家级高新区内高新技术企业 17 901 家，其中近 2 000 家企业参与到国家标准、行业标准与国际标准的制度中。专利申请总量 16.9 万件，其中发明专利申请量 8 万件；专利授权总量 8.8 万件，其中发明专利 2.9 万件，占全国的 50.7%；年末从业人员 375.2 万人、营业总收入 38 690.4 亿元、工业总产值 34 819.1 亿元、利润 2 493.7 亿元、上缴税费 1 719.4 亿元、出口创汇 1 935.7 亿美元，分别占到全国高技术产业的 82.6%、32.7%、39.4%、44.2%、47.5%、22.0% 和 30.5%，国家级高新区集聚了全国 30% 以上的高技术产业。

目前，全国建立了 20 多家国家级高新技术产品出口基地，省级高新区已遍地开花，高新区已经成为区域创新系统的核心支撑力量。10 余个高新产业带蓬勃兴起，3 大高新区集群带（环渤海、长三角、珠三角）初显轮廓，北京中关村等国际一流园区逐步脱颖而出，高新区建设实现了资源集聚、主体培育、成果转化、扩散带动的多重目标，基本实现了高新区点、线、面的横纵向创新系统构建，成为区域创新系统中的强力增长极和创新型国家建设过程中的重要助推器。

7.2.3 集群创新推动阶段转换

随着创新增长极在极化作用下的不断发展壮大，创新能力不断提升，产业结构也不断向高端化发展，高新技术产业成为增长极的支柱产业。而增长极并不是与环境隔离而孤立存在的，增长极的发展有赖于与所在城市及区域不断进行物质与信息交换，有赖于所在区域提供人才、资本、技术以及土地、水、能源等发展空间的支撑。由于地理的临近性，伴随极化效应而存在的扩散效应也将逐步占据主导地位，创新增长极将通过技术创新成果输出、高新技术产业转移、科技人员培训、创新资本溢出等方式对所在地区产生创新扩散效应。这一方面为增长极自身的发展和提升提供空间的环境支撑，同时也为所在区域带来区域创新能力的整体提高和创新发展阶段的提升。

就现实发展来看，随着高新区规模的不断壮大，均不同程度地出现了发展空间不足的情况，北京中关村、上海张江、武汉东湖等一批国内知名高新区通过区域扩张扩大高新区发展空间。2012 年北京中关村科技园由“一区十园”扩大到“一区十六园”，园区几乎遍布整个北京市，同时面积实现翻倍达到 488 平方公里，产值占北京市 GDP 的 20%。2011 年上海张江高新区以张江园区为核心，规划面积由 25 平方公里扩大至 75.9 平方公里，占上海总面积的 1.2%，产值占上海 GDP 总量的 4.6%。2010 年武汉东湖高新区由 220 平方公里扩大至 519 平方公里，占武汉总面积的 6.1%，高新区产值占武汉市 GDP 的 15% 以上。高新区已经成为所在城市经济与创新不可或缺的组成部分。同时学者们也提出高新区的“产城融合”发展，打破创新集聚在高新区中的局面，破除创新发展的空间壁垒，促使创新增长极由高新区扩展到整个城市和区域。

在世界范围内，高新区成长为区域创新主力的例子不胜枚举。1971 年硅谷这个名词诞生时，仅仅代指旧金山湾南端沿着 101 公路展开的圣塔克拉拉（Santa Clara）山谷狭长地带，主要在圣塔克拉拉县和圣何塞

（San Jose）市境内，而随着创新增长极的发展，硅谷也逐渐扩展到圣马刁县（San Mateo County）、阿拉米达县（Alameda County）等地区。

印度班加罗尔也是典型的增长极扩展推动区域创新整体阶段转换的地区。班加罗尔科技园是印度最重要的软件生产基地，被称为印度的硅谷，其占地 0.28 平方公里，由卡邦工业区发展委员会和新加坡国际财团合资建设（新加坡占 47%，印度塔塔集团占 47%，卡纳塔克邦政府占 6%）。园区成立于 1992 年，经过 20 年的发展已经成为印度科技园中发展最快、规模最大、影响力最强的一个。就是这 0.28 平方公里的创新增长极，使班加罗尔成为印度科技创新城市。班加罗尔地区有 7 所以计算机专业为主的大学，拥有超过 10 万多高素质的信息技术专门人才。微软、英特尔、IBM、通用电器、朗讯科技、索尼、东芝、飞利浦、西门子等全球多家 500 强企业均在班加罗尔设有离岸软件研发中心。全球顶级 75 家资质为 5 等（最高等）的软件研发企业中有近 30 家在班加罗尔。班加罗尔还培育出了信息系统（INFOSYS）、惠普罗（WIPRO）和 TATA 等著名本土软件企业。2009 年班加罗尔 IT 产业产值已超过 200 亿美元，占印度整个 IT 产业的 1/3，班加罗尔也因此成为印度的信息科技中心，被称为印度的“硅谷”，目前班加罗尔已成为全球第 5 大信息科技中心。

7.3 基于溢出效应的引进创新转换

技术是流动性极高的一种生产资料，溢出效应是技术传播的主要方式之一，与扩散效应相比，溢出效应的作用范围更加广泛，形式更加多样。技术相对落后地区可以主动利用来自先进地区的技术溢出效应实现创新发展阶段的突破。

7.3.1 技术创新溢出效应

溢出效应广泛存在于日常经济活动与世界经济发展中，其本质是组织在进行某项活动时，不仅能产生活动所预期的效果，而且会对组织之外的人和社会带来收益。技术溢出是最为常见的溢出效应表现形式。

技术创新溢出是指某一创新组织在对外经济交流和业务活动中，其创新以产品和服务等形式，突破组织界限进入外部环境的过程。在世界经济活动中，跨国公司往往具有较强的经济与技术实力，是先进科技创新的引领者。而随着跨国公司的外部投资与技术合作，这种先进技术也将溢出到投资目的地的经济活动中，这种技术转让对东道国的技术发展带来的促进作用便是技术溢出效应。可以发现，这种技术溢出是一种伴随经济活动产生的外部活动，并不会为跨国公司带来直接的利益产出，却使投资目的地获得除经济利益之外的技术利益，对其社会产生外部经济。

技术溢出效应产生的途径有两种（陈晓枫，1999）：一种是本地企业主动对跨国公司输出技术进行引进、消化、吸收、再创新等形式的技术溢出硬途径；另一种是通过跨国公司投资生产过程中竞争、合作、培训等形式的技术溢出软途径。

1. 硬途径——技术引进

技术购买是技术落后地区快速实现生产技术水平提升的主要方式之一，直接的技术引进能够快速解决生产中的工艺、设备、管理等方面的技术难题，而引进之后的消化吸收再创新推动了技术本地化，实现了先进技术由发达地区向落后地区的溢出。

2. 软途径——外商直接投资（FDI）

外商直接投资（FDI）是跨国公司实现全球布局的重要形式之一。

跨国公司往往通过设立地区总部，派出外方管理人员负责核心业务，输出管理模式等方式实现直接投资。而伴随投资而来的是技术创新成果的溢出，其溢出形式也主要有三种：一是竞争性溢出，即跨国公司依靠先进技术在投资地挤占市场、获得高利润，当地企业面临生存压力而被迫实施创新，自主创新的实施将缩小跨国公司的技术优势，进而促使跨国公司提升技术输出水平，如此不断循环形成技术创新溢出效果；二是联系性溢出，跨国公司投资的目的必然是获取当地的廉价生产资料或市场，难以避免会在一定程度上与当地企业产生合作关联，而当地企业为了获取或保持这种合作关系，必须能够满足跨国公司对产品生产质量和技术的要求，这就促使当地合作企业通过创新提升自身技术水平，以实现与跨国公司的合作，为应对日新月异的技术创新变革，跨国公司必然不断更新技术提高生产技术水平，这同时也促进了当地企业的创新跟随；三是培训性溢出，跨国公司为了降低人力资源成本，多实施人才本土化战略，而为了满足跨国公司的技术要求，必然需要对当地劳动力进行专业技术培训，技术培训提高了当地劳动力的整体技术水平，而劳动力的流动也将带来跨国公司的先进技术，实现技术创新溢出。

技术相对落后地区便可以通过以上两种方式实现创新水平的突破，提升区域创新系统发展阶段。

7.3.2　技术引进再创新

技术“引进—消化—吸收—再创新”是技术落后国家实现科技赶超的重要途径之一。目前我国在多个产业领域的核心技术仍处于缺失状态，汽车、飞机等众多产业的发动机等核心技术仍以进口为主，落入“落后—引进—再落后”的技术引进怪圈。“引进—消化—吸收—再创新”关键在于产业核心技术的引进和技术的重组再创新。发达国家出于保护本国企业持续竞争力的目的，对我国实施高科技产品及技术销售禁令，美国至今仍存在对华高科技出口禁令，因此对外转移的技术多为成熟产业技术，并非尖端核心技术，这些技术在数年后便不再具有市场竞争力，这是造成“落后—引进—再落后”死循环的关键所在。同时，产业核心技术的引进并不能根本上解决产业持续竞争力问题，在科技竞争日益激烈的今天，技术更新速度已经从过去的几十年缩短到几个月，给技术落后企业跟随新技术留下的时间越来越短，因此先进技术的引进变得更重要，同时若不能在短期内实现技术消化吸收再创新，也就无法有效提高企业核心技术竞争力。技术引进的目的不在于引进，而在于通过引进后的再创新实现自身技术创新的突破，逐步完成技术引进向“自主创新”转变。我国在高速铁路领域的迅速崛起走的便是对核心技术的“引进—消化—吸收—再创新”的技术重组之路。

2004 年国务院确定了我国高速铁路发展的“引进先进技术、联合设计生产、打造中国品牌”的总体要求，在实际操作过程中，选择了以整体性引进、消化和吸收国外先进高铁技术为基点，实现引进消化吸收、再创新、反超领先三步走战略（见图 7－3）。

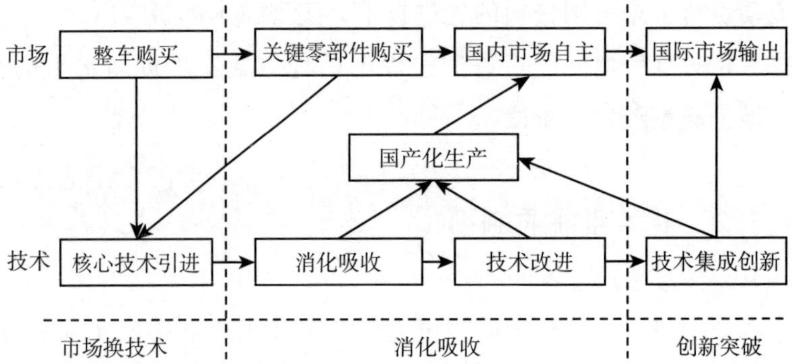

图 7－3　我国高铁技术发展的“引进消化吸收再创新”战略

第一步以“市场换技术”。在高铁技术引进中，我国始终依靠竞争机制进行博弈，坚持外方关键技术必须转让、价格必须优惠、必须使用中国品牌的前提条件，在世界范围内公开招标，从而有效破解了跨国巨头的“技术锁定”，成功掌握高铁核心技术，获得了技术和市场双赢的局面。跨国巨头也通过关键技术转让获得了双赢，其中阿尔斯通抢先转让7项高速列车关键技术而赢得6.2亿欧元大单，德国西门子公司在第二轮动车组竞标中妥协，完全接受中方技术转让方案和价格方案，向中国转让9项时速300公里世界最先进关键技术，获得价值6.69亿欧元的订单。

第二步“消耗吸收”。通过“市场换技术”方式，国内重点机车制造企业分别与主要发达国家的高铁技术企业建立先进技术转让合作：长春轨道客车与法国阿尔斯通合作；南车集团与日本川崎重工合作；青岛四方庞巴迪鲍尔铁路运输设备公司（青岛BSP）与加拿大庞巴迪合作；唐山机车车辆厂与德国西门子合作。同时铁道部组建了四方、长客、唐车三大整车集成总装平台，并统筹建设各企业对于高铁系统中车体、动力、制动、控制、通信等关键子系统关键技术的消化吸收和再创新平台，不仅促进国内企业对核心技术的消化与吸收，同时也保证了各企业间通过创新平台实现技术消化成果共享。使我国快速实现从整车采购向零部件采购逐步推进，中国高铁轨道及路基的建设与维护等线上线下软硬件技术已经达到95%以上的国产化率，动车组国产化率达到85%以上，基本实现完全自主生产。

第三步“自主创新突破”。虽然对引进技术实现了完全消耗吸收，但是我国高铁面临复杂多样的自然环境，国外也没有350公里时速的正式运营经验，这些都需要我国通过自主创新实现突破。中国高铁企业通过对发达国家先进技术的学习与融合，具备了极强的系统集成创新能力。

通过核心技术重组再创新，我国高铁实现了国际市场竞争的两大转变。一是由进口转变为出口，由主要核心零部件的纯进口转变为大量零部件出口，由高速列车整车进口转变为整车出口。二是由出口发展中国家到出口发达国家的转变，目前中国高铁出口已经进入世界五大洲的50多个国家和地区，并在美国、澳大利亚、俄罗斯、沙特等发达国家逐渐展开项目合作。中国高铁的创新突破与超越证明，技术落后区域能够通过核心技术重组再创新实现创新质量的快速提升，同时要努力避免产业核心技术空心化陷阱的产生。

7.3.3 科技招商再创业

招商引资是经济发展的生命线，是快速提升区域经济实力与发展水平的重要途径。在区域竞争日趋激烈的形势下，区域创新系统的发展离不开招商引资。对于区域创新系统而言，通过招商引资引进高技术企业和科研机构，将对区域开放经济起到巨大的推动作用。

科技招商是我国设立高新技术开发区的目的所在，也是我国高新区很长一段时间最主要的发展模式，奠定了我国高技术产业发展的产业基础。其中最典型的是“中国新加坡苏州工业园区”，简称苏州工业园区，由中国和新加坡两国政府于1994年合作建设。园区行政管理由中国负责，管理经验借鉴新加坡模式，建设开发由中新合资公司负责，对外招收由两国共同负责。1997~2001年园区开发由新加坡政府负责管理，从2001年起中国在合资公司的股份从原来的35%调整为65%，中方成为大股东并承担管理权，开创了中外经济技术互利合作的新形式。

“中国新加坡苏州工业园区”是我国开发区利用外资实现创新发展的典型，开创了众多利用外资与高技术发展的先河。苏州工业园在大力引进外资的同时，创新发展也迅速发展，已经形成光电子产业、新能源、通信、生物医药、动漫游戏等高新技术产业集群，创新发展成果得到国家的认可，成为我国首批新型工业化示范基地和国家知识产权示范园区，更是全国唯一的服务贸易创新示范基地、纳米技术创新及产业化基地。到2011年底，苏州工业园区企业总数达1 722家，年末从业人员总数27.8万人，其中大专以上达到16.4万人，中高级职称2.2万人，工业总产值3 227.2亿元，工业增加值811.3亿元，总收入3 531.1亿元，技术收入80.8亿元，出口创汇292.9亿元，园区以占苏州市3.4%

的土地、5.2%的人口创造了15%左右的经济总量贡献。

园区在科技创新上也实现快速增长。2011年科技活动人员达到5.1万人，科技活动经费支出873.2万元，R&D经费内部支出总额86.9亿元，R&D经费支出占GDP比重达3.33%（科技部火炬中心口径为4.8%），拥有各类研发机构300个，国家高新技术企业459家，公共技术服务平台20多个，国家级创新基地20多个，每年新增科技项目约500个，专利申请年均增长50%，其中发明专利占比约50%，万人有效发明专利拥有量超30件，各项指标超过众多国家级高新区，为区域创新发展做出了巨大贡献。

同时苏州工业园区借助在资金、技术与管理等方面取得的成就，走向了模式输出发展道路。通过合作形式在全国多地建立工业园区，在江苏省建立的苏相合作区与苏通科技产业园，安徽省建立的苏宿工业园与苏滁产业园，新疆霍尔果斯等创新园区已经具备相当规模。

7.4 基于协同效应的区域联合转换

任何区域都不是孤立存在的，经济全球化的持续加深更强化了区域间的发展联系，区域间创新合作与竞争无可避免。不同区域、不同规模、不同实力、不同发展阶段的区域创新系统间通过创新辐射与协同等多种方式实现互动，互惠互利、相互促进，实现各自发展阶段向更高阶段转换。

7.4.1 创新辐射与协同效应

1. 辐射的双向互利性

根据梯度转移理论，由于区域经济发展的不平衡，在地理上会形成经济相对发达的核心区与相对落后的外围区，核心区不断创新向更高层次的产业发展，因此大量的产业必须向外转移，次级区成为最先获益的区域。以此类推，次级区最终也会经历核心区的发展阶段，直至将这种模式蔓延到边缘区，形成区域经济辐射区。经济辐射的强弱与区域间的距离远近、产业关联程度、交通与网络对接、政策开放等有关，辐射主要通过产业、人员、资本、信息等媒介实现，表现为点辐射、线辐射和面辐射形式。需要强调辐射具有双面性，无论对于辐射区域还是被辐射区域均是有利的，是一种互利的互动关系。对于发达地区而言，当一个地区经济发展到一定阶段，因技术进步带动产业升级需要空间，必然要对外转移传统产业，如果无法顺利实施产业转移便不能完成发展升级；同时，产业结构升级需要人才、原料及相应工业的支撑，这些要素将由被辐射地区提供，如果辐射区域无法获得新产业发展所需的各种资源，便无法完成发展提升。对于被辐射区域而言，首先能够通过辐射区域的技术转移与产业转移获得比较先进的生产技术，为区域发展提供动力；同时，能够与发达区域的产业链合作中获得自身技术水平提升，通过人才与资本流动带来的技术溢出，提升发展潜力。

对于区域创新系统而言，创新领先区域在面临发展空间困境时，能够通过技术输出和高新技术产业外迁，为创新提供更大市场需求，为新兴产业发展提供空间；在与先进区域的技术合作中，落后区域的生产技术得到提升，高技术产业实力快速增强，经济生产规模与效率提高，同时也为独立创新发展提供了技术积淀与产业支撑。

2. 区域创新协同效应

所谓“协同”，是指在复杂巨系统内的各个子系统或各个要素之间相互协作、相互配合、相互补充和相互促进，从而超越自身原有的孤立作用，形成一种良性的互动、循环态势。协同的目的在于实现在更大范围内的资源最优化配置，提升生产效率。从系统内部与外部划分的视角，区域协同有狭义与广义之分。狭义的区域协同即区域内部各部门间的协同，区域系统内部各地区子系统的联动发展，各子系统的地方政府、科技创新型企业、高校和科研机构在区域内进行深度的协同合作。广义的区域协同就是不同区域之间的协同。

由于区域创新系统的范围往往以一定区域为界定，特别容易受到行政管辖范围的影响。城市有城市创新系统、省份有省域创新系统、长三角等地区又有更大区域的创新系统，以及国家创新系统等不同层级的区域创新系统，它们之间存在包含与被包含关系（见图 7－4）。因此广义与狭义的区域创新系统协同的本质均是较低层级的区域创新系统在更大区域内与其他创新系统的协同发展，通过资源共享、主体合作、产业互补等实现“1＋1＞2”的协同效应，两者的区别仅在于区域范围大小的不同。

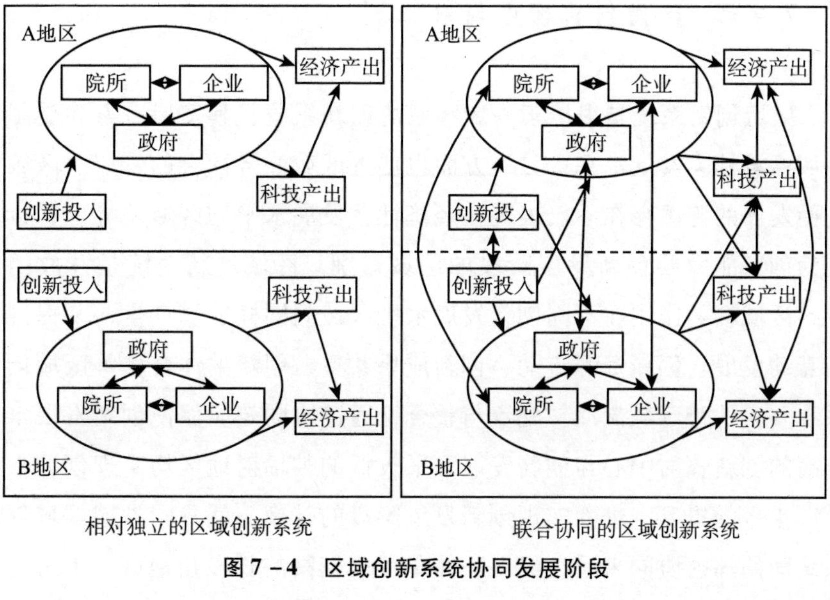

图 7－4　区域创新系统协同发展阶段

具体来说，区域协同创新的内涵主要体现在下列几个方面：一是区域间各创新主体在公平互利的基础上，本着整体区域最优发展的目的，进行跨区域的综合发展规划；二是区域内各地区产业的联动发展，区域间产业结构分工合理化调整；三是区域间企业、高校和科研机构相互合作、联合开展各类研究性课题，以开发各区域的各类资源，实现地区资源的合理化利用；四是通过区域间高级人才交流合作以促进各区域人力资源的合理配置；五是区域间在环境保护、环境创新等方面进行各类知识、技术的研发和传播，以实现整个区域环境的不断优化，为区域的可持续健康发展提供有力保障。

辐射的双向互利性与协同效应反映的本质均是不同区域通过创新合作实现共赢，只不过这种创新合作可能存在一个发展阶段相对较高的主导地区，也可能是由发展水平相当的平行地区构成。根据辐射的双向互利性，这两种区域创新协同形式并无本质区别，均是通过协同效应，借助外力推动实现区域创新系统发展的突破与发展阶段的提升。

7.4.2 区域创新梯度辐射

区域创新系统是根植于一定区域的创新系统，其发展一方面受制于区域经济社会发展水平；另一方面也促进区域经济社会的发展。区域非均衡发展的普遍存在不仅表现在经济社会发展水平的区域差异上，也表现为创新能力及创新发展阶段的区域差别。区域创新系统是开放的系统，区域辐射作用在不同创新发展水平区域间同样能够产生，并促进创新互动发展。创新资源流动、创新成果共享、创新主体合作等区域创新系统要素的跨区域流动、配置与整合，通过协同效应促使创新发展水平较高的创新辐射中心与创新发展水平较低的被辐射地区均实现创新系统发展水平的提升，进而实现创新发展阶段的转换。就我国省域区域创新系统间的辐射协同来看，经济一体化程度较高的长三角地区，上海、江苏、浙江之间的创新协同发展与辐射作用最为典型。

上海是我国经济、贸易与科技中心，进出口贸易量全国第一。上海张江高新技术开发区是我国三大自主创新示范区之一；江苏高等教育资源丰富，在校生人数全国居首，高技术产业发达；浙江市场机制灵活，民营经济比重高，民营企业品牌竞争力稳定。三个地区经济结构差异较大，互补性强，协同优势显著。上海以金融、贸易、创意、科技创新为主导产业，浙江以轻工业为主，江苏以重工业为主。

在区域创新方面，上海、江苏与浙江各自拥有完善而各具特色的区域创新系统，三大系统又相互协同共同发展。上海创新系统以金融服务为主导，已经步入以自主创新驱动的创新驱动阶段；江苏创新系统以外商直接投资为主导，正逐步由开放引资型的“资本驱动”向“创新驱动”升级；浙江创新系统则以民营科技为主导，仍处于创新要素与资本驱动的创新阶段。三地区域创新系统形成创新梯度，江苏与浙江从上海获得创新资金、技术动态、信息服务、管理咨询等创新服务，上海则从两地获得广阔的创新发展腹地，三大创新系统实现了“合理分工 + 适度竞争 + 高度协同”。

随着我国区域经济发展水平的提高，区域非均衡差异加大，加之经济转型升级的需求，跨区域创新合作也成为必然趋势。与长三角三地区域创新协同类似，粤港澳跨区域创新系统也已开展前期探讨，以城市群、经济带为支撑的跨区域创新合作正快速发展。

7.4.3　区域创新一体化联合

在区域创新系统中，为了达到创新效益的最大化，除了独立的行政区域形成区域创新能力以外，也可以将独立行政区域外的创新资源和主体联合起来形成共同的创新系统。安徽合芜蚌自主创新综合配套改革试验区是构建跨区域创新系统的典型代表。

在合肥、芜湖、蚌埠三地国家级高新技术产业区未联合组建国家自主创新示范区之前，各高新区无论是入驻企业数量、产业园经济规模、产学研状态不尽相同，创新能力较弱。其中以合肥高新区规模最大、创新实力最强、中介服务最发达；园区企业 4 000 多家，规模以上工业企业 407 家，其中不乏科大讯飞、量子通信等行业龙头企业，2011 年高新区工业总产值 1 950. 1 亿元；园区聚集了中国科学院合肥物质研究所等各类实力较强的科研机构 300 多家，中国科技大学等高校在园区内设立创新基地；汇集创新风投企业 20 多家，各类技术创新服务中介机构 60 余家。芜湖高新区 35 平方公里，现有企业 380 家，其中规模以上工业企业 143 家，高新技术企业 63 家，2011 年实现工业总产值 455. 5 亿元，培育了奇瑞新能源、海螺、华东光电等优秀企业。蚌埠高新区面积仅 10 平方公里，2011 年工业总产值 358. 1 亿元，规模以上工业企业 231 家，其中国家级高技术企业 55 家。芜湖高新区与蚌埠高新区均在 2010 年新升级为国家级高新区，区内高技术企业少、规模小，高校及科研机构严重不足，区域创新发展基础薄弱。2012 年国家批准设立“合芜蚌自主创新综合配套改革试验区”，从此，三个国家级高新区走向了联合发展的道路。

“合芜蚌自主创新综合配套改革试验区”以合肥高新区为核心带动区域，通过高技术人才与资本等创新资源跨区域流动与整合，企业、科研机构等创新主体跨区域合作，创新产业跨区域分工，促进产业链延伸与创新联动，实现区域创新规模的快速增长。试验区还积极推进科技管理体制、行政管理体制和金融管理体制这三个方面的体制改革，打造区域创新品牌。

第 8 章

基于阶段识别的区域创新系统发展阶段转换对策

区域创新系统是不断发展演进的开放系统，是区域经济与社会系统的重要组成部分，对区域经济的可持续发展、产业结构升级、社会文化发展等均具有重要作用。作为根植于一定区域的创新系统，其发展也遵循区域发展的客观规律。在区域创新系统阶段转换四大机理基础上，提出促进不同阶段区域创新系统实现阶段转换的相应对策（见图 8 - 1）。

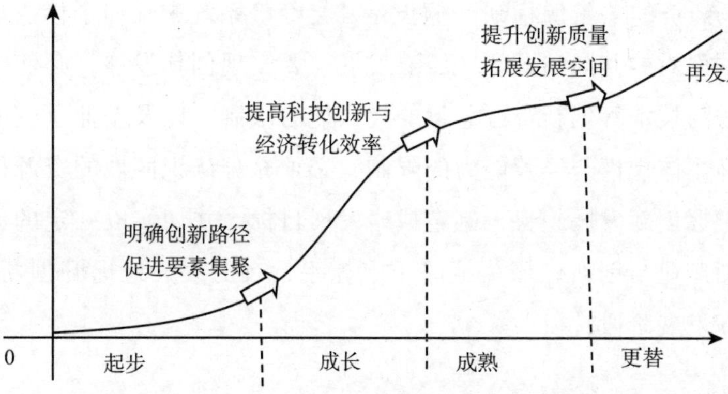

图 8 - 1　区域创新系统发展各阶段转换的实施重点

8.1 区域创新系统“起步→成长”阶段转换对策

处于起步阶段的区域创新系统，其发展主要依靠创新要素的聚集，但受其自身规模与实力限制，集聚效应普遍偏弱，无法对创新要素形成有效吸引力，从而降低创新资源积累速度，向成长阶段的转换较为缓慢。依据区域创新系统发展阶段转换的四大机理，起步阶段的区域创新系统应首先明确区域创新战略路径，具体而言就是要依据比较优势理论，发掘自身创新优势领域，把握创新发展趋势，进而选择创新发展的重点领域和重点区域作为创新战略的突破点。同时借助极化效应，通过完善区域创新制度保障，创造良好的创新创业环境，促进人才、资本与技术向区域内集聚，向创新增长极集聚。

8.1.1 明确区域创新战略路径

市场经济的“资源稀缺”假设是社会经济系统中任何个体、集群与区域必须面对的共同问题。区域要发展，要实现创新发展，必然受到人才、资本与技术等创新资源总量的投入能力限制，以及企业、院所与政府等创新主体规模与经营能力的限制，必须充分认识区域的资源优势与劣势，把握创新发展趋势，制定战略发展目标，并切实以一定的创新主体、创新产业与创新区域为战略重点抓手，有的放矢地提升创新能力，实现创新发展阶段转换。

1. 发掘创新比较优势

区域创新的发展有赖于资源、交通、企业、产业等社会经济条件作为支撑，创新投入多少是创新实施的原材料，交通等区位状况制约区域经济的创新发展水平，创新主体是创新能动主体尤其是企业的数量及质量状况直接决定了创新能力的高低，区域产业发展为创新提供需求及经济转化应用基础。区域创新系统发展战略的制定与实施必须要在全面了解区域创新资源存量及优势劣势的基础上，结合自身优势实现创新发展。

全面把握区域内的科技资源、人才存量、资本存量情况，掌握企业整体实力分布，创新实力、资本运营、品牌价值等较高的企业分布，国家实验室、国家重点实验室、国家工程实验室、重大理工类大学等创新实力较强的研发机构状况，政府创新政策制定的积极性、自主性及政策力度，区域外资引进状况，高新技术产业分布与实力，高新区发展水平等。通过区域对比发掘创新比较优势，并加以培育。

2. 把握创新发展趋势

在过去近半个世纪里，以电子计算机与互联网为代表的信息革命深刻地改变了人类的生产生活方式，技术创新与更新周期越来越短。在信息产业持续高速发展的同时，以太阳能、生物质能、风能为代表的新能源，以转基因、科技农业为代表的新型农业，以 3D 打印为代表的现代制造技术，以及新一代信息技术、新材料、航空航天等领域的创新正迅速改变着世界科技经济。而电子商务、电子金融、大数据、数字制造、高铁技术、新能源汽车、现代物流等传统领域的创新发展也不容忽视。

实施区域创新的目的在于提升区域科技与经济竞争力，保持经济社会不断向高水平发展。因此区域创新系统的发展必须以世界科技发展趋势为指引，通过多种形式的创新发展国际论坛，专业技术领域的创新论坛，了解世界科技发展的动态及主要方向，为准确把握科技产业发展趋势提供信息保障，为科学制定区域创新发展方向提供依据。

3. 制定创新战略重点

重点区域、重点产业、重点企业是区域创新发展战略实施的重点抓手，通过“以点带面”逐步推动区域创新的全面发展。

加大对高新技术开发区、科技园区等重点创新区域建设的扶持力度。在建设用地、资金投入和政策激励等方面给予支持，创新园区管理模式，鼓励园区探索制度创新，鼓励高新技术企业、科研机构向园区集聚，鼓励大学在园区内设立专业创新基地、技术转化基地，鼓励银行等金融机构在园区设立专业分支机构，建立创新创业孵化基地与技术交易中心。

选择电子信息、新材料、新能源、生物医药、环保等的某一细分领域、某一领域或某几个领域作为区域创新发展的重点产业，加大对重点发展的优势高新技术产业的支持力度。在科技招商、企业创办、人才引进、创新融资、技术研发等各方面给予专项支持。重点引进一批配套服务企业、龙头企业，促进产业链延伸；创立区域特色产业品牌，促进高技术产业“走出去”。

龙头企业是区域经济与创新发展的关键所在，面对资源要素缺乏、环境容量制约等一系列成长过程中的考验，需要高度重视大企业大集团在科技创新中的龙头作用。对国家级、省市级科技创新型企业实施财税补贴优惠，融资担保与技术推广服务。培育和发展壮大一大批具有强大创新能力和核心竞争力的科技型龙头企业集群。加快新建一批依托重点高新技术企业的工程技术研究中心。在政策允许范围里，对创新主体实施最大限度的财税支持及人才落户、奖励及创业等的支持。

8.1.2 完善区域创新制度保障

区域创新系统是建立在一定的区域治理制度基础上的，制度环境是区域创新系统发展环境的重要组成部分。制度是区域创新实施的重要驱动力和保障，人才引进与激励制度、创新扶持财税制度与知识产权保护制度是创新制度保障的三大主要方面。

1. 创新人才保障制度

创新人才是区域创新实施的最小能动单位，创新人才的引进、培养与激励一直是区域创新发展工作的重点之一。

完善引进高层次人才的配套政策，全方位构建人才引进的绿色通道。以项目为载体，采取团队引进、核心人才带动引进等形式，对高层次领军人才、复合型人才、紧缺专业技术人才，可采取“特事特办”的方式直接办理引进手续。完善人才服务保障，建立完善的就业服务、社会保险、养老、医疗、教育服务体系，完善人才居住证及落户政策。为短期聘请的高端及外籍创新人才，提供就业、生活、医疗等便捷服务。健全多种所有制人才中介机构准入制度，规范中介服务行为，允许有资质的国外人才中介机构以合资形式进入，推动人才市场服务多元化和产业化。

建立现代职业教育特点的管理体制、办学体制、投资体制和学校人事、分配制度。对研究型高校与应用型高校分类管理，完善人才培养与培训的校企合作、校区合作机制。鼓励企业办职业教育大学，高校办研究所等产学研合作形式开展人才培育。建立动态测评机制和考核评估指标体系，实行聘期考核；深化企业人事管理制度改革，创新企业经营管理人才选任机制和专业技术人才的评价机制。开展高层次创新型人才选拔与奖励政策，建立高层次人才国际交流合作机制。对享受国务院政府特殊津贴、新世纪人才工程等高层次人才的创新成果进行奖励。探索股权激励机制，鼓励企业以股份期权、知识产权等方式进行人才激励。

2. 创新扶持财税制度

创新是一项高风险高投入的活动，创新资本投入能力是企业创新能够成功的关键，从制度上完善对企业创新的融资保障及税收优惠，能提高区域创新积极性。

在融资方面，政府应设立科技创新专项经费投入及管理制度，编制创新资金增长规划、创新项目设立规划，完善政府科技创新项目的申请、招标、中期检查及结项管理制度。特别对基础研究、战略性研究项目给予特殊资助。政府与金融机构合作，设立科技创新贷款优先资助政策，对创新实施无抵押贷款或低息贷款支持。引进天使基金、风险投资基金企业，探索设立创新保险。

在税收方面，在省级政府自主权范围内，给予创新创业高技术企业实施税收减免，降低增值税收取比例，对高技术产品出口实施退税补贴或直接减免，减免市场技术交易各项税费。通过加速研发设备折旧、研发经费抵免所得税等财务手段实现税收优惠。对纳税额较高的科技创新龙头企业实施税收奖励。

3. 知识产权保护制度

知识产权保护是切实保障创新主体对自主创新成果收益权利的关键，是建立良好的创新竞争市场机制的关键。知识产权保护的顺利实施不仅需要完善的制度保障，更需要形成尊重知识产权的文化氛围。

首先，要加强创新主体对知识产权的认识及相关政策法规的了解，设立知识产权保护宣传日，定期对企业、高校、独立科研机构管理者及技术研发者进行知识产权保护宣传；其次，鼓励各类创新主体把技术创新、管理创新等相关成果申请专利保护，鼓励企业参与行业标准，鼓励企业开展技术转让与授权等形式的知识产权交易；最后，加强知识产权保护执法力度，定期组织知识产权保护多部门联合执法检查，坚决查处和打击各种违法侵权行为，及时处理知识产权纠纷案，对于知识产权侵权大案要案进行监督和报道。

8.2 区域创新系统“成长→成熟”阶段转换对策

处于成长阶段的区域创新系统已经具备一定的规模与创新实力，且创新发展迅速，但往往由于创新规模扩张过快而资源最优配置难度迅速增大，导致创新效率难以提高，技术产出效率与经济转化效率低下进一步制约了区域创新竞争力的提高与创新的可持续发展。因此，提高区域创新的投入产出转化效率是成长阶段向成熟阶段转换的重点。具体来说，可以借助集群效应、溢出效应与协同效应，通过强化创新联盟建设、搭建专业化创新流动平台、推动创新成果的经济转化来促进区域创新系统由成长阶段向成熟阶段的转换。

8.2.1　加强区域创新联盟建设

创新需要大量资金、多方面人才的投入，且具有高风险性，创新也具有显著的技术外部性和市场性。单个企业的单一产品很难在市场上取得成功，需要产业链企业间、企业与独立科研机构等的创新合作配套。各种形式的创新联盟，从组织上将创新外部性内部化，有助于保持企业主体和市场导向的创新性质，同时利用多方主体的资源优势，更有利于创新效率的提高及质量的提升。

1. 拓宽联盟合作形式

区域创新主体间的合作形式多种多样，按合作时间长短可以分为短期合作与长期合作；按合作程度可以分为技术转让合作、技术研发合作与战略联盟合作；按合作要素可以分为技术合作、创新资本合作、创新人才合作、创新设施合作等。而在多种合作形式中，以产学研联盟最具代表性，拓宽创新联盟合作形式主要以加深产学研合作层次，扩大产学研合作深度为代表。

产学研合作是促进创新主体联动的有效途径，通过高校、企业及院所相互协作，整合各方力量协同攻关，形成强大的科技合力；通过院所、企业和政府的相互协作，整合各方优势资源，能提高技术研发需求匹配度和技术产业化转化率，能很好地解决科研公关中的多学科交叉技术盲点及产业共性需求关键技术盲点等问题，对提高基础创新核心技术、行业发展关键技术、产业应用高端技术的研发效率具有巨大的促进作用。由政府主导或参与的产学研合作被称为官产学研联盟。鼓励多创新主体共同投资建设研究中心、实验室、科技园区，设立产学研合作专项基金等。

2. 建立联盟分担机制

依据责权利对等原则，区域创新联盟必须坚持谁投资谁受益原则，让风险承担者享受到相应的收益。建立风险与利益共担机制，把责任与收益相对应，谁决策谁负责，谁负责谁受益，谁投资谁受益。承担风险多的、投资大的收益就多；影响项目进度的、增加风险的收益就要缩减。

让企业参与院所技术创新投入，通过前期投入承担院所技术研发阶段风险；也让院所参与企业的技术产业化创新实践，通过技术入股或直接投资方式，分担企业创新风险；政府参与创新产业导向及提供政策支持，共同分担创新全过程风险。

创新合作的最直接产出利益便是销售产品从市场获取的利润，其分配主要包括固定报酬模式、利益共享模式和混合支付三种方式。而创新的最终收益不仅包括直接的市场利润，还包括专利、品牌、创新人才、创新文化、管理经验等多种无形资产，无法进行直接而有效的分割，也难以在短期内通过价值评估实现资本化。因此，要明确联盟创新成果知识产权归属权及收益分配方法，建立违约责任追究制度。在传统三种利益分配方式的基础上，辅助以版权、股权、期权等收益分配方式，能更好地保障区域创新参与各方的利益，使利益分配机制更加完善。

3. 强化联盟监督管理

创新联盟是由多主体构成的利益联盟，联盟内部主体间关系及与联盟外部关系均较为复杂。一方面需要完善市场监督及管理法律法规，并依法实施监管；另一方面也要通过政府转移支付对联盟内部主体间关系及联盟与联盟外创新主体的利益分配进行协调。

以社会主义市场法律体系为依据，强化知识产权保护，打击非法牟利行为；对产学研中的各方实施信用评估与备案，保障创新的良性市场竞争。建立无形资产评估体系与产学研合作信誉评估体系，完善市场监督基础。通过税收及财政专项资金调节创新主体间的利益分配格局，调节市场配置中的不合理现象。政府是区域创新活动的最终受益者，为了激励企业及院所的创新活动，政府可以对创新产品进行税收减免，通过科技专项基金等充分发挥财政支出作用，以科技进步奖、创新人才奖等政府奖励，促进创新成果利益产出流向关键环节。

8.2.2　搭建区域创新流通平台

生产要素与产品的市场流动是资源优化配置和高效利用的前提，科技创新效率与经济转化效率的提高均依赖于市场自有流通程度，市场中买方与卖方普遍存在的信息不对称与地方保护主义一起阻碍着创新资源流动。2002 年我国科技部主导提出建设以促进创新资源共享与创新成果交易为核心的六大国家科技基础条件平台（见图 8－2）。以长三角、珠三角与环渤海为代表的经济发达地区已经在多领域建立起了多形式的资源共享平台，为缩短中小企业研发周期、降低研发成本、提高创新效率发挥了巨大作用。

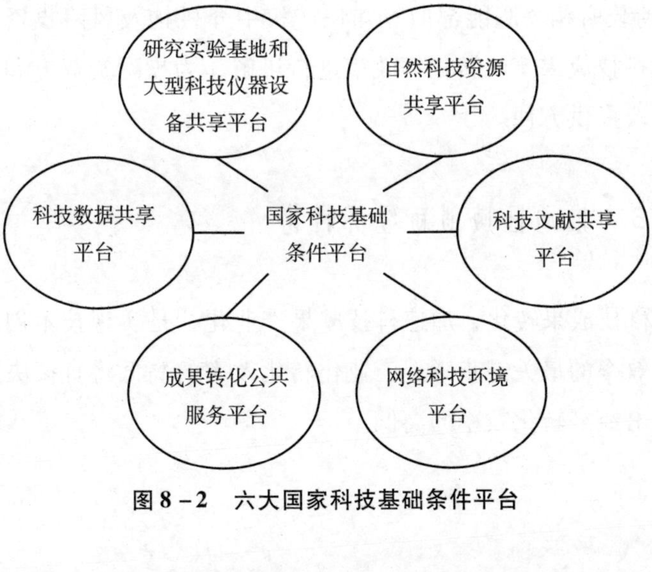

图 8－2　六大国家科技基础条件平台

1. 创新资源共享平台

据不完全统计，我国拥有的科学仪器设备的数量高于欧盟成员国的总量，但是综合利用率仅为25%，远低于欧盟170%～200%的综合利用率。利用信息手段建立多种形式的资源共享平台，构建资源共享机制，不仅减少科研设备投入的巨大浪费，也有利于为中心企业提供创新服务，推动全面创新发展。

构建大型科研设备信息平台，综合设备信息咨询与使用交易支持系统，把区域内部各大型科学仪器、专业实验设备、先进加工装备等分布信息整合到网络上，建设专业领域数据库。

2. 创新成果交易平台

建设独立的区域知识产权交易中心或交易所，搭建起技术需求与技术供给间的桥梁。交易平台不仅整合区域内创新需求与产出，更完善与区域外技术市场的对接，为知识产权交易提供信息咨询、项目交流、项目融资等服务。平台开展专利技术发布、技术需求发布、项目推介、技术交易洽谈等业务；开辟专区设立展台，展出专利技术实物产品（样品）；邀请政府相关职能部门、知识产权中介机构及风险投资机构就有关专利及科技成果实施转化等政策进行讲解，为投融资双方和交易双方咨询、洽谈提供方便。

8.2.3 推动区域创新经济转化

促进科技成果转化、加速科技成果产业化，是实现技术创新成果转化为经济效率的最关键步骤，产业化转化效率的高低将直接决定区域创新投入产出经济转化效率的高低。

1. 完善转化投资体系

设立创业种子基金，扶植高新技术创业项目，对初创企业提供担保费补助和贷款贴息补助；鼓励创办以民营资本为主的种子基金、创业基金等，引导一批创业投资企业发展。探索以政府引导性风险资金引导社会资金进入风险投资领域的新途径；推进政府风险投资机构的机制创新，扩大社会股本规模，鼓励有实力的大企业、金融机构及个人从事风险投资；吸引国际国内资本雄厚的风投基金或企业在本地区进行风险投资。

鼓励商业银行对有条件的高科技企业直接投资或授信投资，鼓励民间资本参与创新投资；创新与高新企业孵化器、风险投资基金相配套的信贷产品，为高新技术企业提供融资服务。探索建立专门面向中小科技企业的金融服务机构，完善中小企业知识产权担保贷款，发展小额科技贷款。完善资产评估、信用评级、融资担保等创新服务中介机构的管理与监督水平，提高融资中介服务能力。设立科技创新保险险种与政府专项担保基金。

2. 加强服务中介建设

科技成果转化有直接和间接两种方式。直接转化方式主要有科技人员创业，企业与院所的合作研究、人才交流等；间接转化主要是通过中介服务推动技术交易转化。间接转化形式更加多样化，转化周期更短，因此也更普遍。而区域科技成果间接转化的关键就在于科技中介服务机构的建设。

积极支持会计师事务所、律师事务所等中介服务机构的产权制度改革和组织制度创新，提高执业能力和服务水平。制定中介服务机构行为规范及信用评价制度，形成良好的中介服务氛围。引导企业、高校、科研机构、个人等通过独资、投资合作等方式建立创新创业孵化中心，促进各类孵化器、创新中心的现代化经营改革、管理及运行体制创新。增加财政支出对生产力促进中心、火炬计划特色产业基地的扶持力度，制定发展规划和具体配套措施。

3. 军工民用转化渠道建设

军工技术往往集聚了各国的尖端技术成果，而军工技术体系是相对封闭的科技体系，通过合适的途径把军工技术转移到民用经济领域，能够快速提升区域创新系统发展水平。从国家整体战略高度统筹军用技术与民用技术的开发与转化将极大地实现资源节约与提高创新经济效益。一方面国防技术由军用转化为民用，节约了民用技术领域的研发成本与技术获取成本；另一方面国防技术的民用转化扩展了技术应用领域，为军工带来丰厚的资本收益回报，解决了经费短缺的问题，更促进了国防工业实力进一步提升。

《国家中长期科学和技术发展规划纲要（2006~2020年）》中也提出“完善军民结合、寓军于民机制”是促进科技发展的重要措施之一。航天技术是世界公认的高新技术，其核心目标是实现国家军事战略突破，同时卫星技术及其成果广泛应用于移动通信、电视转播、气象监测、环境监测、天气预报、气象及生态预警、城乡规划、矿产资源普查、地质分析与地震预报、交通运输导航、医疗设备、太阳能产业等。对区域创新而言，促进军工国防技术的民用转化，是对民用高新技术发展的有力补充，是提高民用技术创新质量的重要途径，是壮大民用高技术产业的重要方法，是实现区域经济以创新促发展的有力支撑。

理顺军工企业技术及产权所有关系，规划企业市场化改革方向与推进战略，实行现代企业管理制度，有利于军工技术的民用化转化实施。利用现有网络信息化平台，及时发布军转民技术、军民合作项目等信息，使企业、研究创新基地及高校互相了解可转化的科技成果的技术情况，资金、人才短缺情况以及其他困难，促使一些本来有转化效益但久久搁置的科技项目早日走向生产领域。建立军工技术评估与保密管理制度。对军工技术进行分类与区别对待，对于涉及国家战略安全的技术要严格保密管理，禁止民用转化；对于非核心技术等的民用化转化，规范技术转化过程，明确技术转化负责人，严控技术流向国际市场。同时对于技术民用化转化中的资本来源等进行控制，防治国际资本控制技术转化。

8.3 区域创新系统“成熟→再发展”阶段转换对策

处于成熟阶段的区域创新系统规模与创新实力均较强，创新转化效率高、创新产出层次高，技术与资本富集，创新产出已经远远超过本地市场需求，并通过多种途径实现对邻近区域的创新辐射。在科技竞争日益激烈、技术更新日益加快的当前，缺少持续创新作为保障，区域竞争优势可能稍纵即逝。因此，对于处于成熟阶段的区域创新系统而言，保持创新优势是实现创新再发展的关键。突出自主创新，强化关键领域与基础科学创新，才能使区域创新水平持续提升，保持区域创新竞争力；强化对外合作，主动实施技术转移，才能为本地产业升级提供空间，为持续创新提供更多市场需求。

8.3.1 强化自主创新与基础研究

综合国力的竞争在于经济实力的竞争，而经济实力是建立在科技实力基础上的。对于一个国家和区域而言，缺少核心产业技术的自主化便无法掌控经济发展的主动权。核心尖端技术的自主创新突破，一方面依赖相关产业核心技术支撑；另一方面有赖于基础科学领域的相关研究积累。

1. 推进产业关键技术突破

自主创新是相对于技术引进、模仿创新而言的，是指自主企业或机构通过自主投入获取自主知识产权的创新活动，其核心目的在于获得国际市场技术竞争的主动权。在当前经济全球化的大背景下，产业在世界范围内布局发展，谁掌握了产业的核心技术，谁就占据了产业发展的核心位置、占据产业价值链的最高端。成熟阶段的区域创新系统，其发展重点由规模扩张转向质量提升，逐步靠近创新产业链的最顶端。然而由于技术创新，尤其是科技前沿的尖端技术创新，创新投入巨大但创新失败率极高，创新风险是一般企业难以承受的，因此企业在尖端领域的创新积极性不高，要推动在产业尖端技术领域的自主创新突破，必须调动大企业在产业关键核心领域的创新积极性，通过产业创新联盟实现优势资源整合及风险分担。

产业技术创新战略联盟是以突破产业发展的瓶颈技术、共性技术以及核心技术而形成的联合性创新组织，是产学研合作的高级形式。它由行业龙头企业或龙头科研机构牵头，以产业内科技创新实力较强的大中型企业和科研机构、高校组成，以行业利润及竞争力提升为创新目标，形成的具有法律约束力的创新优势互补、利益共享、风险共担的大型长期创新合作组织。自2007年宝钢等钢铁巨头与北京科技大学等高校共建我国第一个产业技术创新联盟——钢铁可循环流程技术创新战略联盟以来，产业技术创新联盟在全国各级区域铺展开来，在区域与产业自主创新建设上起到了巨大的支撑作用。成熟区域应鼓励科技创新能力较强的行业龙头企业牵头建设国家级、区域级产业技术创新战略联盟；针对本地区创新发展中的关键科技创新难题或共性技术问题设立专项基金资助联盟创新；推动产自主创新成果的标准化、产业化、市场化、品牌化推广，推动关键技术成果上升为国家标准和国际标准。

2. 加强基础科学研究

基础科学研究是包括数学、物理、化学、生物、天文、地球、逻辑在内的对于自然规律研究，是整个科学技术的基础。基础科学的研究较难实现创新突破，难以直接通过产业化实现经济效益，却是所有创新的最根本来源，是区域未来科技竞争的基础。政府投入与企业参与是促进基础科学研究的两大重要力量。由于研究周期长且成果难以考核，企业投入与参与较少，传统上对于基础科学的研究以国家投入为主，主要集中于国家重点实验室及高等学校。因此在创新基础科学研究考核方式基础上，应加强对基础科学研究机构的建设投入与管理。

一方面，扩大基础科学研究队伍。区域创新系统发展成熟的地区，企业具备开展基础科学研究的需求与实力，政府应鼓励有实力的企业参与到基础科学的研究中。依据 2012 年颁布的《依托企业建设国家重点实验室管理暂行办法》，鼓励企业建设国家重点实验室、国家实验室、国家工程实验室、国家工程技术研究中心等国家级重点基础科学研究基地。另一方面，形成基础研究竞争机制。在国家相关基础科学研究项目申请与承担上，对政府科研机构、高校科研机构、企业科研机构一视同仁，统一资助标准与管理办法。在实践中，微软、谷歌等大型国际科技引领企业均设立独立实验室或基础研究项目，从事相关基础科学项目研究。我国从 2006 年开始分批次有计划建立了 100 多家企业国家重点实验室，承担国家基础研究重大项目 1 000 多项，已经成为科技基础研究的重要支撑力量。

8.3.2　构建跨区域创新系统

成熟阶段的区域创新系统转化效率高，其创新投入与产出已经超出本地创新需求，对周边区域具有较高的创新辐射能力。这种创新辐射一方面将有利于成熟区域通过产业对外转移实现产业结构升级；另一方面还有利于区域通过多种形式的技术转移扩大创新市场需求。构建跨区域创新系统是实现多区域创新合作的主要方法。

1. 设立合作推进小组

在现有多种形式的经济区域合作组织机构下设立区域创新联动协调

小组，小组由各地区发改委、工信委、科技厅或教育厅等设专员进行区域创新的协调与沟通；同时组建“跨区域创新联动”专家委员会，建立省市联席会议制度，协调小组全面负责创新合作规划、创新政策统一、创新示范工程实施等，统筹协调创新合作各地区的创新定位和发展，推动和指导跨区域创新系统的合作、构建及运行。联席会议是创新协作的执行主体，负责解决跨区域创新协调发展的有关重大问题，实现分工互动、整体推进。

2. 推动基础设施对接

交通与网络等基础设施对接是创新要素自由流动的基础，是跨行政区域创新系统建设的基础。我国目前已初步形成高速公路网络、客运专线网络与干支线航空网络等立体交通骨干网络。创新合作区域间要加快基础设施的无缝互通工程，建设城际铁路、密集高速公路网、适时开通城际地铁及公交线路，保障人才与物资在区域间流动的畅通。随着信息技术的发展，实体及虚拟空间交流场所等逐步发展成熟，建设跨区域的商贸基地、物流中心、信息交换中心、金融服务中心等，保障资本与信息的无障碍流通，为区域创新联动提供全面畅通的基础设施支撑。

3. 建立产业转移梯度

产业转移是创新辐射的主要形式之一，也是处于成熟阶段的区域创新系统发展的必然选择。成熟阶段的区域创新系统受发展空间、资源与环境承载力等的限制，无法通过规模扩张带动创新再发展，必须把技术水平相对落后的产业对外转移，为产业的创新升级提供发展空间。

首先应该认识到产业全球化布局的时代大背景，任何地区均处于全球产业链的不同环节中，主动淘汰相对落后产业是为了向产业链分工的更高级发展。其次应制定产业结构发展规划与空间布局规划，明确有待转移的重点产业名录与区域，制定新兴产业发展规划填补原有产业空白；主动寻找评估产业转移对接区域，积极配合产业转入地区基础设施、政策制度建设，为待转移行业企业提供产业转移目的地指南，以加快产业转移进程；制定待转移行业的严格技术规范，强制进行产业淘汰；在产业转移的同时，鼓励企业把总部或研发中心留在本地，促进创新总部经济发展。

第 9 章

总结与展望

9.1 总　结

“科技是第一生产力”，真正的世界大国必然依托强大的科技支撑，创新是一个国家崛起的必然选择，区域创新系统作为国家创新系统在区域层次的延伸和体现，是创新型国家建设的重要支撑。我国地域广阔，各地区在经济发展水平、对外开放、产业结构、资源禀赋、文化环境等多方面存在较大差异，区域创新系统的建设与发展也存在巨大差距。准确把握各地区创新系统所处的发展阶段，针对不同的创新发展阶段特征，实施针对性的发展对策，是保持区域创新活力，推动国家创新系统发展的关键。理论研究与实践探索均表明，区域创新系统是一个多维复杂系统，且系统在不断演进发展中呈现出阶段性特征。目前学者们的研究还未能形成一套相对成熟且广为接受的区域创新系统理论体系，对于区域创新系统发展阶段的研究相对不足，大部分只是定性地进行阶段的概念性划分，缺少对其阶段性产生的系统论基础的阐释；对于区域创新系统发展阶段识别指标体系设计的理论支撑不足，计量模型的构建也不够科学严谨；对于区域创新系统发展阶段转换机理的研究相对匮乏。基于此，本书在汲取现有研究成果基础上，从区域创新系统结构及系统阶段性出发，对区域创新系统发展阶段识别及转换展开如下研究。

第一部分阐述理论基础部分。在充分的理论溯源基础上，本书把区域创新系统定义为：在一定区域范围内，为实现预定的创新发展目标，政府、企业、院所等主体，通过人才、资本、技术投入，推动制度、科技、管理等内容创新，不断创新产品、提升产业、优化环境而形成的创新主体相互转换、创新内容相互作用、创新投入相互支撑的系统。并对区域创新系统的要素构成进行界定，把要素间关系归纳为创新投入互补转换、创新主体协作互动、创新内容相互支撑和创新产出层次拓展等四大横向关系，及六大纵向关系。然后从区域创新系统的根植性、开放性、动态平衡性角度探讨区域创新系统发展阶段产生的依据。接着指出产业错位布局、区域特色定位、环境针对优化等区域创新系统发展阶段识别的现实需求，及系统构成维度复杂、阶段识别标准相对、阶段划分方式多元造成的阶段识别操作困难。最后基于生命周期理论，提出区域创新系统发展过程可划分为起步、成长、成熟与更替四大阶段，阶段不断循环更替构成区域创新系统发展的全过程，并从区域创新主体、投入、内容与产出四大维度探讨了区域创新系统各发展阶段的主要特征，为阶段识别体系建立及模型选择奠定基础。

第二部分为区域创新系统发展阶段识别模型建立及实证分析。

首先，提出区域创新系统发展阶段识别逻辑，从创新主体、创新投入、创新内容与创新产出四大维度，以及各维度内部要素间关系与各维度间关系角度，在充分借鉴学者们相关研究的基础上，建立了包含16个三级指标、56个四级指标的区域创新系统发展阶段识别指标体系，并对主要数据获取与预处理进行了说明，建立了效率指标获取的DEA两阶段模型。

其次，在对比分析了区域创新系统发展阶段识别常用的成熟度模型、模糊贴进度模型与判别分析模型优缺点之后，以区域创新系统各发展阶段特征客观值为出发点，选取灰色关联分析作为创新系统发展阶段识别灰色关联预判模型，并建立基于判别分析的区域创新系统发展阶段判别分析检验模型，用以对高误判风险地区的阶段识别进行再检验，构成了“灰色关联预判—判别分析检验”综合模型。

最后，在对我国区域创新系统的创新主体、创新投入、创新内容与创新产出四大维度发展状况整体把握的基础上，依据上文建立的区域创新系统发展阶段识别指标体系与计量模型，对我国除港澳台地区及西藏外的30个省域区域创新系统发展阶段进行识别得出：北京、上海、江苏、广东四大地区处于成熟阶段；天津、山东、浙江、辽宁等共14个地区处于成长阶段；江西、海南、吉林、内蒙古等12个地区处于起步阶段。同时判别分析检验结果表明区域创新系统发展阶段识别综合模型具有很高的可信度。分析并发现我国区域创新系统发展阶段与区域经济发展水平具有很高的一致性，创新投入与产出水平对系统创新发展阶段起到了决定性作用，创新型国家标志性指标具有较高的阶段区分能力。

第三部分提出区域创新系统发展阶段转换机理及对策。结合区域经济发展经典理论与实践发展规律，从系统发展的内因与外因两大角度，提出区域创新系统发展阶段转换的四大机理：基于比较优势的专项突破转换；基于极化效应的集群生长转换；基于溢出效应的引进创新转换；基于协同效应的区域联合转换。最后提出了基于发展阶段识别结果的区域创新系统发展阶段转换对策：起步向成长阶段转换的重点是明确区域创新战略路径与完善区域创新制度保障，以促进创新要素集聚；成长向成熟阶段转换着重促进区域创新战略联盟、搭建区域创新流动平台、强化区域创新产出转化，以提高创新效率；成熟向创新再发展阶段注重夯实区域自主创新基础与构建跨区域创新系统，以扩展创新发展空间。

9.2 创新点

1. 从创新主体、创新投入、创新内容、创新产出四大维度构建了区域创新系统发展阶段识别指标体系

现有对于区域创新系统发展阶段识别指标体系等的相关研究，往往缺乏较为系统的理论支撑。本书在充分挖掘区域经济理论、创新经济理论、创新系统理论对区域创新系统的理论支撑基础上，把区域创新系统界定为：在一定区域范围内，为实现预定的创新发展目标，政府、企业、院所等主体，通过人才、资本、技术投入，推动制度、科技、管理等内容创新，不断创新产品、提升产业、优化环境而形成的创新主体相互转换、创新内容相互作用、创新投入相互支撑的系统。以此对区域创新系统各阶段特征进行对比分析，并充分借鉴学者前期研究，从创新主体、创新投入、创新内容、创新产出四大维度构建了由16个三级指标、56个四级指标构成的区域创新系统发展阶段识别指标体系，是一次在充分理论支撑基础上探索建立区域创新系统发展阶段识别指标体系的重要尝试。

2. 从区域创新系统阶段特征出发，构建区域创新系统发展阶段识别的“灰色关联预判—判别分析检验”模型

参考区域创新系统发展实践，寻求把系统各发展阶段特征用客观指标量化界定；在综合比较借鉴阶段识别的成熟度模型、模糊贴进度模型及判别分析模型优缺点基础上，提出建立区域创新系统发展阶段识别的“灰色关联预判—判别分析检验”模型。探索借助灰色关联分析对区域创新系统发展阶段进行预判，并使用判别分析对阶段预判结果进行检验，建立集“阶段识别—阶段检验”于一体的区域创新系统发展阶段识别综合计量模型。

3. 实证研究识别出我国除港澳台及西藏地区外的30省域区域创新系统发展阶段，揭示了创新系统阶段与经济水平相匹配、投入与产出水平主导创新阶段、创新型国家标志性指标区分度高的规律

我国区域创新呈现出中心城市集聚与东部地区集聚的双集聚态势。对我国除港澳台及西藏地区外的30省域区域创新系统发展阶段进行识别发现：北京、上海、江苏与浙江区域创新系统已经进入成熟阶段；有14个地区处于成长阶段；12个处于起步阶段。实证研究揭示出：经济发展水平高与区域创新系统发展阶段正相关；创新投入与产出水平对系统创新发展阶段起到决定性作用；创新型国家标志性指标的R&D投入强度与发明专利存量具有较高的阶段区分度。这是对我国区域创新系统发展阶段的一次全面把握。

4. 借鉴区域发展理论及创新发展理论，从内生与外生视角提出了基于比较优势、极化效应、溢出效应、协同效应的区域创新系统发展阶段转换四大机理

区域创新系统既是一个区域系统，也是一个创新系统，其发展也必然遵循区域发展理论和创新发展理论。借鉴区域经济学经典理论与效应，密切联系区域创新发展实践，从区域内生作用力与外部作用力视角，提出区域创新系统阶段转换的内生机理为：基于比较优势的专项突破转换、基于极化效应的集群生长转换；外生机理为：基于溢出效应的引进创新转换、基于协同效应的区域联合转换。这一机理是对区域创新系统发展阶段转换机理的一次系统梳理。

9.3 研究展望

由于我国区域创新发展历史不长，相关的统计资料和研究成果也不多，使本研究在资料上受到一些限制，同时受本人研究能力和精力的限制，研究还存在许多不足与欠缺。主要表现在以下几个方面：

首先，由于区域创新系统要素及要素关系的复杂性，在建立区域创新系统发展阶段识别指标体系设计中，受到理论知识广度与深度以及我国统计指标范围、数据获取难易程度、模型计算可行性等的限制，指标选取的数量有限，计量模型选取与改进仍有较大空间，阶段识别结果准确度有进一步提升的空间。因此，在后续研究中可以逐步增加指标选取数量，对计量模型进行不断优化改良，使理论评价结果更加逼近现实状况。

其次，在实证对象的选取中，受到多数指标仅有省级统计口径的限制，只对我国除港澳台及西藏以外的 30 个省域区域创新系统发展阶段进行了识别，而区域创新资源多集中于各地区的少数中心城市，实证研究结果的全面性存在一定的局限性。因此，未来研究中可以我国主要城市的区域创新系统为研究对象展开，加深对我国区域创新实践的全面把握。

附表

附表 1　　创新主体指标标准化数据

	X11	X12	X13	X14	X21	X22	X23	X31	X32	X33	X41	X42	X43
北京	0.15	0.09	1.00	0.55	1.00	1.00	1.00	0.00	0.25	1.00	1.00	0.05	0.46
天津	0.11	0.11	0.87	0.43	0.10	0.30	0.04	0.00	0.38	0.10	0.18	0.09	0.74
河北	0.08	0.07	0.08	0.44	0.15	0.63	0.02	0.50	0.25	0.06	0.09	0.00	0.57
山西	0.02	0.02	0.06	0.62	0.42	0.30	0.04	0.00	0.13	0.03	0.09	0.27	0.52
内蒙古	0.02	0.02	0.04	0.24	0.21	0.19	0.02	0.00	0.25	0.01	0.05	0.02	0.21
辽宁	0.14	0.07	0.01	0.53	0.40	0.80	0.07	0.63	0.38	0.15	0.09	0.27	1.00
吉林	0.07	0.02	0.00	0.59	0.25	0.46	0.08	0.38	0.00	0.07	0.09	0.03	0.50
黑龙江	0.03	0.03	0.16	0.54	0.44	0.57	0.06	0.25	0.25	0.09	0.14	0.02	0.61
上海	0.20	0.14	0.52	0.52	0.32	0.52	0.27	0.13	0.50	0.40	0.36	0.07	0.55
江苏	0.91	1.00	0.89	0.07	0.35	0.81	0.19	1.00	1.00	0.24	0.23	0.12	0.75
浙江	0.42	0.86	0.98	0.03	0.22	0.56	0.08	0.38	0.88	0.10	0.23	0.19	0.61
安徽	0.14	0.18	0.42	0.28	0.23	0.56	0.04	0.38	0.25	0.10	0.09	0.14	0.31

续表

	X11	X12	X13	X14	X21	X22	X23	X31	X32	X33	X41	X42	X43
福建	0. 13	0. 18	0. 40	0. 04	0. 21	0. 37	0. 08	0. 38	0. 38	0. 03	0. 00	0. 20	0. 41
江西	0. 12	0. 04	0. 08	0. 27	0. 27	0. 41	0. 02	0. 38	0. 13	0. 03	0. 09	0. 01	0. 57
山东	0. 37	0. 28	0. 18	0. 37	0. 57	0. 85	0. 15	1. 00	0. 50	0. 16	0. 45	0. 15	0. 50
河南	0. 16	0. 12	0. 13	0. 20	0. 27	0. 67	0. 02	0. 50	0. 38	0. 07	0. 05	0. 02	0. 39
湖北	0. 13	0. 11	0. 27	0. 27	0. 36	0. 69	0. 11	0. 38	0. 63	0. 14	0. 14	0. 10	0. 60
湖南	0. 15	0. 16	0. 43	0. 06	0. 30	0. 52	0. 04	0. 50	0. 25	0. 06	0. 05	1. 00	0. 44
广东	1. 00	0. 46	0. 41	0. 34	0. 46	0. 69	0. 19	1. 00	0. 63	0. 19	0. 14	0. 15	0. 34
广西	0. 05	0. 04	0. 21	0. 23	0. 28	0. 35	0. 07	0. 25	0. 00	0. 03	0. 05	0. 08	0. 45
海南	0. 01	0. 00	0. 44	0. 55	0. 03	0. 06	0. 02	0. 00	0. 13	0. 00	0. 14	0. 00	0. 07
重庆	0. 06	0. 04	0. 27	0. 53	0. 03	0. 26	0. 04	0. 00	0. 38	0. 03	0. 05	0. 19	0. 85
四川	0. 16	0. 06	0. 05	1. 00	0. 42	0. 57	0. 07	0. 38	0. 25	0. 30	0. 09	0. 12	0. 98
贵州	0. 02	0. 01	0. 08	0. 59	0. 16	0. 26	0. 04	0. 00	0. 13	0. 01	0. 05	0. 07	0. 33
云南	0. 02	0. 03	0. 23	0. 08	0. 23	0. 35	0. 06	0. 13	0. 00	0. 03	0. 18	0. 24	0. 70
陕西	0. 07	0. 03	0. 23	0. 84	0. 25	0. 72	0. 07	0. 63	0. 13	0. 28	0. 05	0. 06	0. 60
甘肃	0. 01	0. 01	0. 26	0. 45	0. 24	0. 22	0. 07	0. 13	0. 25	0. 03	0. 05	0. 25	0. 71
青海	0. 00	0. 00	0. 08	0. 00	0. 01	0. 00	0. 00	0. 00	0. 13	0. 00	0. 05	0. 17	0. 00
宁夏	0. 00	0. 01	0. 37	0. 48	0. 00	0. 06	0. 00	0. 00	0. 00	0. 00	0. 05	0. 13	0. 14
新疆	0. 00	0. 01	0. 08	0. 22	0. 25	0. 19	0. 06	0. 13	0. 38	0. 01	0. 09	0. 04	0. 11

附表 2　创新投入指标标准化数据

	X51	X52	X53	X54	X61	X62	X63	X71	X72	X73	X74	X81	X82	X83
北京	0.51	0.47	1.00	1.00	0.82	1.00	0.00	0.32	1.00	0.44	0.34	0.22	1.00	1.00
天津	0.19	0.17	1.00	0.30	0.27	0.42	0.80	0.09	0.35	0.17	0.25	0.13	0.16	0.14
河北	0.19	0.15	0.30	0.18	0.18	0.08	0.87	0.08	0.17	0.02	0.01	0.11	0.11	0.00
山西	0.10	0.09	0.22	0.26	0.09	0.11	0.89	0.03	0.44	0.00	0.01	0.03	0.10	0.00
内蒙古	0.05	0.05	0.08	0.24	0.07	0.03	0.90	0.01	0.32	0.00	0.01	0.05	0.03	0.04
辽宁	0.22	0.17	0.25	0.44	0.30	0.20	0.75	0.12	0.40	0.28	0.09	0.10	0.14	0.02
吉林	0.11	0.09	0.29	0.82	0.08	0.08	0.45	0.03	0.54	0.20	0.08	0.05	0.15	0.01
黑龙江	0.13	0.12	0.21	0.45	0.10	0.11	0.45	0.08	0.26	0.01	0.01	0.02	0.11	0.02
上海	0.32	0.30	0.67	0.55	0.52	0.53	0.48	0.32	0.47	1.00	0.51	0.09	0.48	0.15
江苏	0.87	0.81	0.75	0.14	1.00	0.35	0.92	1.00	0.02	0.36	1.00	0.83	0.47	0.20
浙江	0.59	0.56	0.56	0.03	0.56	0.29	0.99	0.84	0.00	0.33	0.09	0.47	0.42	0.07
安徽	0.24	0.20	0.47	0.22	0.21	0.21	0.72	0.16	0.02	0.09	0.04	0.29	0.21	0.02
福建	0.24	0.22	0.34	0.00	0.20	0.16	1.00	0.15	0.05	0.08	0.09	0.26	0.19	0.02
江西	0.08	0.07	0.10	0.20	0.08	0.07	0.82	0.03	0.17	0.04	0.01	0.01	0.12	0.01
山东	0.60	0.51	0.62	0.13	0.79	0.29	0.99	0.33	0.14	0.30	0.08	0.48	0.58	0.12

续表

	X51	X52	X53	X54	X61	X62	X63	X71	X72	X73	X74	X81	X82	X83
河南	0.29	0.25	0.32	0.10	0.23	0.10	0.86	0.12	0.15	0.02	0.02	0.15	0.12	0.01
湖北	0.29	0.24	0.39	0.34	0.29	0.23	0.73	0.12	0.33	0.05	0.11	0.17	0.18	0.02
湖南	0.22	0.19	0.31	0.34	0.22	0.15	0.90	0.11	0.34	0.02	0.02	0.15	0.13	0.02
广东	1.00	1.00	0.69	0.18	0.96	0.31	0.98	0.91	0.25	0.40	0.73	1.00	0.62	0.19
广西	0.09	0.07	0.19	0.45	0.07	0.05	0.69	0.03	0.22	0.03	0.02	0.03	0.05	0.00
海南	0.00	0.00	0.00	0.45	0.00	0.00	0.40	0.00	0.83	0.02	0.01	0.02	0.01	0.00
重庆	0.10	0.08	0.15	0.39	0.12	0.17	0.80	0.10	0.15	0.10	0.85	0.06	0.08	0.00
四川	0.24	0.19	0.33	0.40	0.26	0.18	0.24	0.17	0.18	0.15	0.08	0.18	0.20	0.02
贵州	0.04	0.03	0.07	0.38	0.02	0.02	0.63	0.03	0.26	0.00	0.00	0.04	0.02	0.00
云南	0.06	0.05	0.03	0.49	0.04	0.03	0.51	0.03	0.47	0.02	0.01	0.03	0.04	0.01
陕西	0.18	0.16	0.49	0.40	0.22	0.28	0.09	0.07	0.59	0.01	0.01	0.15	0.17	0.00
甘肃	0.05	0.04	0.20	0.49	0.04	0.11	0.46	0.01	0.45	0.00	0.00	0.04	0.06	0.00
青海	0.00	0.00	0.07	0.16	0.00	0.04	0.65	0.00	0.35	0.00	0.00	0.00	0.00	0.00
宁夏	0.01	0.01	0.19	0.24	0.00	0.05	0.74	0.00	0.31	0.01	0.01	0.02	0.00	0.00
新疆	0.03	0.02	0.01	0.67	0.02	0.01	0.64	0.02	0.14	0.01	0.05	0.02	0.04	0.01

附表 3　创新内容指标标准化数据

	X91	X92	X93	X94	X101	X102	X103	X104	X111	X112	X113	X114	X121	X122	X123
北京	0. 19	0. 39	1. 00	1. 00	0. 96	1. 00	1. 00	1. 00	0. 99	0. 85	1. 00	0. 76	1. 00	1. 00	1. 00
天津	0. 09	0. 45	0. 45	0. 15	0. 91	0. 90	0. 43	0. 49	0. 11	0. 57	0. 09	0. 28	0. 22	0. 09	0. 45
河北	0. 05	0. 08	0. 30	0. 08	0. 47	0. 17	0. 08	0. 42	0. 00	0. 40	0. 23	0. 34	0. 07	0. 02	0. 13
山西	0. 03	0. 09	0. 43	0. 05	0. 31	0. 33	0. 16	0. 46	0. 28	0. 40	0. 14	0. 24	0. 01	0. 01	0. 11
内蒙古	0. 01	0. 00	0. 42	0. 01	0. 37	0. 20	0. 19	0. 28	0. 24	0. 49	0. 18	0. 23	0. 02	0. 04	0. 19
辽宁	0. 09	0. 13	0. 79	0. 24	0. 70	0. 34	0. 11	0. 59	0. 58	0. 23	0. 20	0. 53	0. 24	0. 09	0. 23
吉林	0. 02	0. 04	0. 67	0. 15	0. 38	0. 00	0. 12	0. 42	0. 04	0. 34	0. 57	0. 22	0. 04	0. 01	0. 21
黑龙江	0. 06	0. 14	0. 22	0. 19	0. 45	0. 49	0. 03	0. 30	0. 08	0. 32	0. 18	0. 24	0. 05	0. 04	0. 54
上海	0. 17	0. 40	0. 72	0. 48	1. 00	0. 91	0. 56	0. 99	0. 80	0. 98	0. 75	0. 82	0. 46	0. 21	0. 50
江苏	1. 00	1. 00	0. 23	0. 49	0. 88	0. 70	0. 16	0. 65	0. 35	0. 77	0. 18	0. 85	0. 48	0. 16	0. 31
浙江	0. 53	0. 60	0. 00	0. 28	0. 79	0. 83	0. 21	0. 89	0. 36	0. 45	0. 70	0. 99	0. 23	0. 03	0. 11
安徽	0. 16	0. 37	0. 29	0. 13	0. 62	0. 48	0. 03	0. 13	0. 49	0. 96	0. 86	0. 57	0. 11	0. 03	0. 40
福建	0. 09	0. 15	0. 15	0. 09	0. 66	0. 59	0. 18	0. 81	0. 90	0. 94	0. 82	0. 78	0. 09	0. 02	0. 10
江西	0. 02	0. 05	0. 25	0. 05	0. 44	0. 12	0. 02	0. 12	0. 31	0. 34	0. 13	0. 29	0. 04	0. 02	0. 27
山东	0. 27	0. 31	0. 41	0. 23	0. 65	0. 54	0. 14	0. 47	0. 31	0. 51	0. 16	0. 83	0. 18	0. 06	0. 30
河南	0. 09	0. 12	0. 27	0. 11	0. 34	0. 20	0. 02	0. 21	0. 01	0. 23	0. 16	0. 68	0. 07	0. 02	0. 25

续表

	X91	X92	X93	X94	X101	X102	X103	X104	X111	X112	X113	X114	X121	X122	X123
湖北	0. 11	0. 17	0. 35	0. 26	0. 52	0. 59	0. 12	0. 36	0. 74	0. 85	0. 75	0. 71	0. 21	0. 08	0. 41
湖南	0. 07	0. 12	0. 33	0. 20	0. 29	0. 60	0. 13	0. 17	1. 00	0. 87	0. 25	0. 38	0. 11	0. 02	0. 29
广东	0. 48	0. 38	0. 30	0. 25	0. 85	0. 98	0. 09	0. 70	0. 65	0. 98	0. 21	1. 00	0. 33	0. 15	0. 34
广西	0. 03	0. 07	0. 79	0. 03	0. 32	0. 20	0. 02	0. 27	0. 40	0. 34	0. 20	0. 20	0. 01	0. 00	0. 03
海南	0. 00	0. 01	0. 78	0. 00	0. 57	0. 18	0. 11	0. 27	0. 78	0. 94	0. 21	0. 20	0. 00	0. 00	0. 00
重庆	0. 08	0. 21	0. 36	0. 11	0. 71	0. 70	0. 09	0. 41	0. 16	0. 49	0. 00	0. 46	0. 06	0. 02	0. 09
四川	0. 14	0. 25	0. 26	0. 21	0. 11	0. 17	0. 03	0. 23	0. 73	1. 00	0. 82	0. 58	0. 19	0. 04	0. 31
贵州	0. 02	0. 10	0. 32	0. 01	0. 11	0. 26	0. 00	0. 04	0. 35	0. 38	0. 20	0. 27	0. 01	0. 00	0. 08
云南	0. 02	0. 02	0. 52	0. 04	0. 42	0. 15	0. 00	0. 10	0. 39	0. 40	0. 13	0. 18	0. 04	0. 02	0. 22
陕西	0. 09	0. 29	0. 59	0. 30	0. 40	0. 49	0. 19	0. 32	0. 55	0. 85	0. 05	0. 29	0. 29	0. 14	0. 77
甘肃	0. 02	0. 08	0. 60	0. 08	0. 02	0. 15	0. 09	0. 00	0. 36	0. 26	0. 18	0. 09	0. 05	0. 03	0. 49
青海	0. 00	0. 00	0. 50	0. 00	0. 00	0. 16	0. 18	0. 14	0. 34	0. 17	0. 09	0. 00	0. 01	0. 01	0. 17
宁夏	0. 00	0. 03	0. 67	0. 00	0. 32	0. 21	0. 13	0. 19	0. 05	0. 00	0. 13	0. 00	0. 01	0. 00	0. 03
新疆	0. 01	0. 04	0. 24	0. 01	0. 15	0. 07	0. 22	0. 31	0. 34	0. 17	0. 55	0. 32	0. 02	0. 00	0. 03

附表 4　创新产出指标标准化数据

	X131	X132	X133	X141	X142	X143	X151	X152	X153	X154	X155	X161	X162	X163
北京	0. 19	0. 90	0. 43	0. 14	0. 18	0. 22	0. 92	1. 00	1. 00	0. 79	1. 00	1. 00	1. 00	1. 00
天津	0. 25	0. 87	0. 54	0. 14	0. 19	0. 24	1. 00	0. 52	0. 56	0. 55	0. 51	0. 73	0. 58	1. 00
河北	0. 14	0. 24	0. 31	0. 05	0. 06	0. 22	0. 23	0. 05	0. 19	0. 10	0. 04	0. 31	0. 00	0. 88
山西	0. 05	0. 22	0. 42	0. 02	0. 08	0. 83	0. 19	0. 16	0. 07	0. 12	0. 25	0. 20	0. 35	0. 38
内蒙古	0. 03	0. 13	0. 17	0. 01	0. 01	0. 27	0. 60	0. 21	0. 16	0. 05	0. 01	0. 37	0. 02	1. 00
辽宁	0. 18	0. 29	0. 18	0. 09	0. 12	0. 25	0. 50	0. 11	0. 27	0. 17	0. 08	0. 33	0. 55	0. 51
吉林	0. 12	0. 49	0. 08	0. 04	0. 07	0. 31	0. 32	0. 04	0. 37	0. 21	0. 05	0. 83	0. 73	1. 00
黑龙江	0. 03	0. 19	0. 25	0. 02	0. 03	0. 34	0. 22	0. 00	0. 30	0. 15	0. 14	0. 00	1. 00	0. 00
上海	0. 41	1. 00	0. 37	0. 28	0. 17	0. 02	0. 89	0. 87	0. 68	0. 77	0. 66	0. 58	0. 35	1. 00
江苏	1. 00	0. 68	0. 76	0. 91	1. 00	0. 16	0. 66	0. 29	0. 71	0. 72	0. 36	1. 00	1. 00	1. 00
浙江	0. 63	0. 90	0. 61	0. 16	0. 29	0. 37	0. 59	0. 29	0. 72	0. 25	0. 13	0. 60	1. 00	0. 61
安徽	0. 21	0. 58	0. 22	0. 06	0. 11	0. 39	0. 12	0. 17	0. 51	0. 18	0. 13	0. 33	0. 77	0. 42
福建	0. 18	0. 51	0. 84	0. 13	0. 14	0. 16	0. 45	0. 17	0. 64	0. 41	0. 05	0. 44	0. 17	0. 95
江西	0. 07	0. 24	0. 35	0. 07	0. 09	0. 22	0. 12	0. 04	0. 63	0. 30	0. 01	0. 58	0. 35	1. 00
山东	0. 72	0. 49	0. 37	0. 31	0. 48	0. 29	0. 44	0. 11	0. 42	0. 24	0. 17	0. 74	0. 59	1. 00
河南	0. 14	0. 21	0. 21	0. 13	0. 16	0. 20	0. 16	0. 02	0. 39	0. 23	0. 00	0. 29	0. 35	0. 57

续表

	X131	X132	X133	X141	X142	X143	X151	X152	X153	X154	X155	X161	X162	X163
湖北	0. 21	0. 51	0. 16	0. 08	0. 10	0. 21	0. 26	0. 07	0. 38	0. 23	0. 21	0. 30	0. 59	0. 47
湖南	0. 27	0. 78	0. 09	0. 07	0. 12	0. 31	0. 19	0. 05	0. 39	0. 25	0. 12	0. 63	0. 45	0. 98
广东	0. 86	0. 75	1. 00	1. 00	0. 87	0. 10	0. 47	0. 29	0. 77	1. 00	0. 34	0. 44	0. 12	1. 00
广西	0. 07	0. 37	0. 09	0. 03	0. 08	0. 60	0. 11	0. 00	0. 47	0. 20	0. 05	0. 46	0. 29	0. 86
海南	0. 01	0. 35	0. 37	0. 01	0. 02	1. 00	0. 17	0. 06	0. 58	0. 33	0. 26	1. 00	1. 00	1. 00
重庆	0. 14	0. 87	0. 16	0. 07	0. 04	0. 00	0. 26	0. 17	0. 35	0. 54	0. 24	0. 53	1. 00	0. 51
四川	0. 12	0. 29	0. 18	0. 16	0. 24	0. 28	0. 13	0. 12	0. 32	0. 47	0. 04	0. 24	0. 55	0. 41
贵州	0. 02	0. 28	0. 24	0. 01	0. 02	0. 39	0. 00	0. 10	0. 08	0. 21	0. 04	0. 40	0. 90	0. 33
云南	0. 02	0. 21	0. 15	0. 01	0. 02	0. 51	0. 03	0. 03	0. 24	0. 09	0. 01	0. 17	0. 33	0. 25
陕西	0. 05	0. 23	0. 12	0. 05	0. 06	0. 20	0. 26	0. 14	0. 43	0. 28	0. 32	0. 04	1. 00	0. 07
甘肃	0. 03	0. 34	0. 18	0. 00	0. 01	0. 56	0. 03	0. 03	0. 16	0. 05	0. 14	0. 40	1. 00	0. 34
青海	0. 00	0. 00	0. 00	0. 00	0. 00	0. 57	0. 18	0. 21	0. 02	0. 07	0. 10	1. 00	1. 00	1. 00
宁夏	0. 01	0. 27	0. 56	0. 00	0. 00	0. 39	0. 23	0. 23	0. 00	0. 03	0. 08	0. 97	0. 95	1. 00

附表 5　　基于灰色关联分析的创新主体与投入发展阶段预判

地区	创新主体				创新投入			
	起步	成长	成熟	阶段判定	起步	成长	成熟	阶段判定
北京	0.581	0.412	0.397	成长	0.560	0.331	0.330	成长
天津	0.473	0.608	0.546	成长	0.431	0.719	0.446	成长
河北	0.429	0.632	0.556	起步	0.342	0.675	0.599	起步
山西	0.391	0.591	0.624	起步	0.335	0.575	0.660	起步
内蒙古	0.326	0.550	0.728	成熟	0.368	0.566	0.692	成长
辽宁	0.554	0.532	0.453	成长	0.352	0.713	0.526	成长
吉林	0.396	0.728	0.612	成长	0.348	0.605	0.590	起步
黑龙江	0.430	0.704	0.529	成长	0.295	0.594	0.660	成熟
上海	0.472	0.630	0.406	成熟	0.465	0.444	0.375	成熟
江苏	0.698	0.439	0.326	成长	0.628	0.379	0.301	成熟
浙江	0.558	0.626	0.402	成长	0.502	0.494	0.408	成长
安徽	0.402	0.756	0.485	成长	0.332	0.769	0.509	成长
福建	0.392	0.691	0.531	成长	0.325	0.757	0.532	起步
江西	0.388	0.790	0.589	成熟	0.345	0.573	0.718	成熟
山东	0.569	0.481	0.355	成长	0.527	0.500	0.367	成长

续表

地区	创新主体				创新投入			
	起步	成长	成熟	阶段判定	起步	成长	成熟	阶段判定
河南	0. 425	0. 647	0. 534	成长	0. 364	0. 696	0. 571	成长
湖北	0. 481	0. 770	0. 439	成长	0. 394	0. 792	0. 494	成长
湖南	0. 461	0. 678	0. 475	成熟	0. 360	0. 749	0. 540	成熟
广东	0. 553	0. 522	0. 351	成长	0. 614	0. 418	0. 268	起步
广西	0. 363	0. 736	0. 609	起步	0. 328	0. 601	0. 689	起步
海南	0. 335	0. 572	0. 777	起步	0. 308	0. 495	0. 768	成长
重庆	0. 424	0. 522	0. 619	成长	0. 405	0. 619	0. 564	成长
四川	0. 456	0. 615	0. 465	起步	0. 373	0. 796	0. 506	起步
贵州	0. 346	0. 565	0. 693	成长	0. 305	0. 574	0. 736	起步
云南	0. 401	0. 643	0. 607	成长	0. 303	0. 522	0. 716	成长
陕西	0. 532	0. 655	0. 494	成长	0. 347	0. 672	0. 570	起步
甘肃	0. 413	0. 597	0. 568	起步	0. 334	0. 559	0. 682	起步
青海	0. 304	0. 500	0. 893	起步	0. 280	0. 501	0. 851	起步
宁夏	0. 326	0. 525	0. 802	起步	0. 363	0. 578	0. 751	起步

附表 6　基于灰色关联分析的创新内容与产出发展阶段预判

地区	创新内容				创新产出			
	起步	成长	成熟	阶段判定	起步	成长	成熟	阶段判定
北京	0. 703	0. 241	0. 206	成长	0. 527	0. 435	0. 319	成长
天津	0. 438	0. 592	0. 439	成长	0. 515	0. 578	0. 369	起步
河北	0. 338	0. 625	0. 582	起步	0. 341	0. 492	0. 638	起步
山西	0. 344	0. 558	0. 563	成长	0. 383	0. 488	0. 491	起步
内蒙古	0. 345	0. 562	0. 560	成长	0. 350	0. 398	0. 632	成长
辽宁	0. 436	0. 605	0. 445	起步	0. 427	0. 531	0. 466	起步
吉林	0. 348	0. 559	0. 598	成长	0. 435	0. 487	0. 489	成长
黑龙江	0. 363	0. 597	0. 543	成熟	0. 332	0. 543	0. 483	成熟
上海	0. 661	0. 359	0. 300	成熟	0. 524	0. 378	0. 385	成熟
江苏	0. 574	0. 503	0. 343	成熟	0. 633	0. 375	0. 300	成熟
浙江	0. 532	0. 497	0. 417	成长	0. 581	0. 443	0. 375	成长
安徽	0. 419	0. 702	0. 454	成熟	0. 421	0. 587	0. 455	成长
福建	0. 558	0. 536	0. 447	起步	0. 441	0. 601	0. 477	起步
江西	0. 336	0. 538	0. 610	成长	0. 345	0. 503	0. 548	成长

续表

地区	创新内容				创新产出			
	起步	成长	成熟	阶段判定	起步	成长	成熟	阶段判定
山东	0. 439	0. 734	0. 425	起步	0. 498	0. 513	0. 382	成长
河南	0. 360	0. 532	0. 595	成长	0. 346	0. 545	0. 523	成长
湖北	0. 519	0. 701	0. 392	成长	0. 375	0. 686	0. 469	成长
湖南	0. 407	0. 667	0. 474	成长	0. 409	0. 526	0. 522	成熟
广东	0. 502	0. 522	0. 365	起步	0. 605	0. 329	0. 365	起步
广西	0. 335	0. 558	0. 624	起步	0. 361	0. 430	0. 615	起步
海南	0. 430	0. 518	0. 608	成长	0. 384	0. 471	0. 491	起步
重庆	0. 402	0. 672	0. 554	成长	0. 388	0. 512	0. 537	成长
四川	0. 438	0. 553	0. 478	起步	0. 362	0. 540	0. 440	起步
贵州	0. 311	0. 528	0. 671	起步	0. 356	0. 407	0. 553	起步
云南	0. 340	0. 532	0. 613	成长	0. 320	0. 431	0. 582	成长
陕西	0. 494	0. 551	0. 400	起步	0. 329	0. 572	0. 442	起步
甘肃	0. 318	0. 548	0. 622	起步	0. 356	0. 422	0. 578	起步
青海	0. 307	0. 467	0. 698	起步	0. 343	0. 437	0. 667	起步
宁夏	0. 295	0. 467	0. 715	起步	0. 364	0. 452	0. 556	起步

附表 7　基于灰色关联分析的区域创新系统发展阶段预判

地区	起步	成长	成熟	预判阶段	显著性差异系数	误判风险	可能阶段
北京	0.313	0.355	0.593	成熟	0.238	低	成熟
上海	0.366	0.423	0.531		0.108	低	
江苏	0.318	0.424	0.633		0.209	低	
广东	0.337	0.448	0.568		0.121	低	
浙江	0.401	0.515	0.543		0.028	高	成长→成熟
山东	0.382	0.557	0.508	成长	0.049	高	
天津	0.45	0.624	0.464		0.16	低	成长
辽宁	0.473	0.595	0.442		0.122	低	
安徽	0.476	0.704	0.394		0.228	低	
福建	0.497	0.646	0.429		0.149	低	
湖北	0.449	0.737	0.442		0.289	低	
湖南	0.503	0.655	0.409		0.152	低	
四川	0.472	0.626	0.407		0.154	低	
陕西	0.476	0.613	0.425		0.136	低	
重庆	0.569	0.581	0.405		0.013	高	起步→成长
河南	0.556	0.605	0.374		0.049	高	
河北	0.594	0.606	0.363		0.012	高	

续表

地区	起步	成长	成熟	预判阶段	显著性差异系数	误判风险	可能阶段
黑龙江	0.554	0.61	0.355	成长	0.056	高	起步→成长
吉林	0.572	0.595	0.382		0.023	高	
山西	0.584	0.553	0.363	起步	0.032	高	
江西	0.616	0.601	0.353		0.015	高	
广西	0.634	0.581	0.347		0.053	高	
云南	0.63	0.532	0.341		0.098	高	
甘肃	0.613	0.532	0.355		0.081	高	
内蒙古	0.653	0.519	0.347		0.134	低	起步
海南	0.661	0.514	0.364		0.147	低	
贵州	0.663	0.519	0.329		0.145	低	
青海	0.777	0.476	0.308		0.301	低	
宁夏	0.706	0.506	0.337		0.2	低	
新疆	0.649	0.52	0.339		0.13	低	

附表 8　　基于判别分析的区域创新系统发展阶段检验与调整

	预判阶段	区域	主体	投入	内容	产出	起步阶段函数得分	成长阶段函数得分	成熟阶段函数得分	判别阶段
已知分组样本（低误判风险区域）	成熟	北京	0. 580	0. 624	0. 885	0. 659	0	0	1	成熟
		上海	0. 353	0. 434	0. 645	0. 518	0	0. 001	0. 999	
		江苏	0. 606	0. 642	0. 541	0. 751	0	0	1	
		广东	0. 477	0. 673	0. 511	0. 642	0	0	1	
	成长	天津	0. 275	0. 327	0. 383	0. 516	0. 001	0. 999	0	成长
		辽宁	0. 394	0. 232	0. 34	0. 266	0	1	0	
		安徽	0. 257	0. 267	0. 374	0. 311	0. 001	0. 999	0	
		福建	0. 236	0. 244	0. 41	0. 378	0. 003	0. 997	0	
		湖北	0. 332	0. 261	0. 413	0. 272	0	1	0	
		湖南	0. 329	0. 245	0. 32	0. 358	0. 001	0. 999	0	
		四川	0. 364	0. 218	0. 335	0. 261	0	1	0	
		陕西	0. 332	0. 206	0. 388	0. 212	0	1	0	
	起步	内蒙古	0. 103	0. 153	0. 189	0. 222	0. 998	0. 002	0	起步
		海南	0. 102	0. 159	0. 261	0. 453	0. 998	0. 002	0	
		贵州	0. 138	0. 119	0. 142	0. 237	0. 999	0. 001	0	
		青海	0. 034	0. 081	0. 118	0. 321	1	0	0	
		宁夏	0. 089	0. 131	0. 116	0. 368	1	0	0	
		新疆	0. 128	0. 138	0. 156	0. 199	0. 998	0. 002	0	

续表

	预判阶段	区域	主体	投入	内容	产出	起步阶段函数得分	成长阶段函数得分	成熟阶段函数得分	判别阶段
待检样本（高误判风险区域）	成熟	浙江	0.436	0.435	0.453	0.529	0	0.736	0.264	成长
	成长	山东	0.465	0.449	0.357	0.48	0	0.946	0.054	
		重庆	0.224	0.247	0.262	0.35	0.155	0.845	0	
		河南	0.259	0.214	0.187	0.231	0.246	0.754	0	
		河北	0.259	0.201	0.188	0.212	0.277	0.723	0	
		黑龙江	0.269	0.154	0.232	0.193	0.204	0.796	0	
	起步	吉林	0.216	0.224	0.213	0.356	0.644	0.356	0	起步
		山西	0.2	0.18	0.199	0.24	0.845	0.155	0	
		江西	0.21	0.145	0.166	0.304	0.978	0.022	0	
		广西	0.179	0.158	0.189	0.279	0.975	0.025	0	
		云南	0.198	0.149	0.178	0.16	0.921	0.079	0	
		甘肃	0.222	0.163	0.173	0.254	0.900	0.100	0	

参考文献

［1］ Cooke P. Regional Innovation Systems：Competitive Regulation in the New Europe ［J］. Geoforum，1992，23（3）：365－382.

［2］ Freeman C. Technology Policy and Economic Performance：Lessons from Japan ［M］. Pinter Pub Ltd，1987.

［3］ Braczyk H.，Cooke P.，Heidenreich M. Regional Innovation Systems：The Role of Governances in a Globalized World ［M］. Great Britain King's Lynn，1998.

［4］ Aslesen H.，Wood M. What Comprises a Regional Innovation System? an Empirical Study ［J］. Natural Resources Research，1996：151－170.

［5］ Morgan K. The Learning Region：Institutions，Innovation and Regional Renewal ［J］. Regional Studies，1997，31（5）：491－503.

［6］ Lambooy J. The Transmission of Knowledge，Emerging Net-works，and the Role of Universities：an Evolutionary Approach ［J］. European Planning Studies，2004，12（5）：643－657.

［7］ 冯之浚. 国家创新系统的理论与政策 ［M］. 北京：经济科学出版社，1999：242－247.

［8］ 胡志坚，苏靖. 关于区域创新系统研究 ［R］. 科技日报，1999（5）：27－32.

［9］ 黄鲁成. 关于区域创新系统研究内容的讨论 ［J］. 科研管理，2000，21（5）：43－48.

［10］罗守贵，甄峰．区域创新能力评价研究［J］．南京经济学院学报，2000：42－47.

［11］潘德均．西部地区区域创新系统建设［J］．科学学与科学技术管理，2001（5）：76－80.

［12］周亚庆，张方华．区域技术创新系统研究［J］．科技进步与对策，2001（2）：60－65.

［13］刘曙光，田丽琴．区域创新发展的模式与国际案例研究［J］．世界地理研究，2001（1）：20－23.

［14］邹再进．对区域创新系统内涵的再认识［J］．云南财贸学院学报社会科学版，2006（3）：56－61.

［15］顾新．区域创新系统的运行［J］．中国软科学，2001（11）：88－89.

［16］吴慈生，赵曙明．从区位比较优势到区域竞争优势——区域创新系统理论的演化述评及对经济增长方式的思考［J］．现代管理科学，2005（9）：7－12.

［17］任胜刚，关涛．区域创新系统内涵、研究框架探讨［J］．软科学，2006（4）：90－94.

［18］Chaperon J.，Leclerc A.，Robert L. etc. Comparison of Mortality between a Specific Industry and the French Population［J］. Rev Epidemiol Sante Public，1981：212－220.

［19］Morgan K.，Nauwelaers C. Regional Innovation Strategies［M］. Stationery Office，1999.

［20］Doloreux D. What We Should Know about Regional Systems of Innovation［J］. Technology in Society，2002（24）：243－263.

［21］王缉慈．知识经济和区域创新环境［J］．经济地理，2000，19（1）：11－15.

［22］盖文启．论区域经济发展与区域创新环境［J］．学术研究，2002（1）：60－63.

[23] Saxenian A. Regional Advantage: Culture and Competition in Silicon Valley and Route 128 [M]. Harvard University Press, 1996.

[24] Tockling F., Kaufmann A. Innovation Systems in Regions of Europe-a Comparative Perspective [J]. European Planning Studies, 1998, 11 (7): 164-170.

[25] Cooke P. Regional Innovation Systems: General Findings and Some New Evidence from Biotechnology Clusters [J]. Journal of Technology Transfer, 2002, 1 (27): 133-136.

[26] 王缉慈，王可．区域创新环境和企业根植性：兼论我国高新技术企业开发区的发展 [J]. 地理研究，1999 (4): 67-70.

[27] 盖文启，张辉．国际典型高技术产业集群的比较分析与经验启示 [J]. 中国软科学，2004 (5): 28-34.

[28] Gansey E. Regional Economic Analysis of Innovation and Incubation [J]. Avebury, 1991: 29-33.

[29] Maillat D. Interactions between Urban Systems and Localized Productive Systems [J]. European Planning Studies, 1998 (2): 67-73.

[30] Holbrook A., Wolfe D. The Innovation Systems Research Network: a Canadian Experiment in Knowledge Management [J]. Science & Public Policy (SPP), 2005 (32): 134-135.

[31] 李晓璐，周志方．我国区域技术创新能力体系评价及提升——基于因子分析法的模型构建与实证检验 [J]. 科学管理研究，2006 (2): 6-7.

[32] 王静．基于产业集群的区域竞争优势与区域创新体系 [J]. 科学管理研究，2008 (6): 21-26.

[33] 苏屹，李柏洲．区域创新能力的波动性研究 [J]. 中国科技论坛，2009 (8): 43-46.

[34] Freeman C. Network of Innovators: a Synthesis of Research Issues [J]. Research Policy, 1991 (20): 499-514.

［35］ OECD. Science, Technology and Industry: National Innovation Systems［M］. Paris: Organization for Economic Co-operation and Development, 1997.

［36］ Kun Chen, Martin Kenney. Universities/Research Institutes and Regional Innovation Systems: The Cases of Beijing and Shenzhen［J］. World Development, 2007, 35 (6): 1056 –1074.

［37］ Caniels C., Bosch H. The role of Higher Education Institutions in Building Regional Innovation Systems［J］. Regional Science, 2011, 90 (2): 271 –286.

［38］ Cowan R., Zinovyeva N. University Effects on Regional Innovation［J］. Research Policy, 2013 (42): 788 –800.

［39］ Revilla D., Kiese M. Understanding Regional Innovation Systems［J］. International Encyclopedia of Human Geography, 2009 (6): 246 – 251.

［40］ Autio E. Evaluation of RTD in Regional Systems of Innovation［J］. European Planning Studies, 1998, 6 (2): 131 –140.

［41］ Padmore T., Gibson H. Modeling Systems of Innovation Ⅱ: A Framework for Industrial Cluster Analysisin Regions［J］. Research Policy, 1998 (26): 625 –641.

［42］ Edgington D. Environmental Politics in Japan: Networks of Power and Protest［J］. Pacific Affairs, 1999: 45 –48.

［43］ Andersson M., Karlsson C. Regional Innovation Systems in Small & Medium – Sized Regions: A Critieal Review & Assessment［J］. JIBS Working Paper Series, 2002 (6): 588 –605.

［44］ Radosevic S. Regional Innovation Systemin Centraland Eastern Europe: Determinants, Organizers and Alignments［J］. Joural of Technology transfer, 2002 (27): 87 –96.

［45］ Doloreux D., Edquist C., Hommen L. The Institutional and

Functional Underpinnings of the Regional Innovation System of East Gothia in Sweden [C]. Paper Presented at the Druid Summer Conference 2003 on Creating, Sharing and Transferring Knowledge: The Role of Geography, Institutions and Organizations. Copenhagen, 2003 (6): 12 - 14.

[46] Kuhlmarnn S. European/German Efferts and Policy Evaluation in Regional Innovation [R]. Intemational Workshop on the Comprehensive Review of the S&T Basie Plans in Japan - Towards the Effective Benchmarking of Iniegrated S&T Policy - Tokyo, NISTEP, 2004 (9): 13 - 14.

[47] Trippl M., Franz T. Developing Biotechnology Clusters in Non - high Technology Regions: The Case of Austria [J]. Industry and Innovation, 2007, 14 (1): 47 -67.

[48] 胡志坚，苏靖. 区域创新系统理论的提出和发展 [J]. 中国科技论坛，1999 (6): 20 - 23.

[49] 张敦富等. 知识经济与区域经济 [M]. 北京：中国轻工业出版社，2000.

[50] 龚荒，聂锐. 区域创新体系的构建原则、组织结构与推进措施 [J]. 软科学，2002，16 (6): 22 -25.

[51] 刘斌. 构建区域创新系统的难点与对策 [J]. 中国科技论坛，2003 (2): 22 - 23, 30.

[52] 张网成，刘畅. 区域创新体系中的创新层次与主体问题 [J]. 经济师，2008 (1): 15 - 19.

[53] 胡树华，邓恒进. 区域创新系统运行研究"四三结构"模型及应用 [D]. 武汉理工大学，2010: 25 - 36.

[54] Hauschildt J. The Dynamics of Innovation: Strategic and Managerial Implications [J]. Springer, 1999: 126 - 131.

[55] Koschatzky K., Sternberg R. R&D Cooperation in Innovation Systems: Some Lessons from the European Regional Innovation Survey (ERIS) [C]. European Planning Studies, 1999, 7 (6): 737 - 757.

[56] Breschi S. The Geography of Innovation: a Cross Sector Analysis [J]. Regional Studies, 2000 (3): 165 - 169.

[57] Tracey P., Clark L. Perspective - Alliances, Networks and Competitive Strategy, Rethinking Cluster of Innovation [J]. Growth and Change, 2003, 34 (8): 1 - 16.

[58] 黄鲁成. 关于区域创新系统研究内容的探讨: 发展的信息技术对管理的挑战 [C]. 管理科学学术会议专辑 (下), 1999 (11): 87 - 89.

[59] 王稼琼, 绳丽惠, 陈鹏飞. 区域创新体系的功能与特征分析 [J]. 中国软科学, 1999 (2): 53 - 55.

[60] 刘友金, 黄鲁成. 产业集群的区域创新优势与我国高新区的发展 [J]. 中国工业经济, 2001 (2): 71 - 73.

[61] 刘曙光, 田丽琴. 区域创新发展的模式与国际案例研究 [J]. 世界地理研究, 2001 (3): 43 - 44.

[62] 谭清美. 区域创新系统的结构与功能研究 [J]. 科技进步与对策, 2002 (8): 101 - 103.

[63] 曲然. 区域创新系统内创新资源配置研究 [D]. 吉林大学, 2005: 23 - 24.

[64] 江兵, 杨蕾, 杨善林. 区域创新系统理论与结构模型 [J]. 合肥工业大学学报 (社会科学版), 2005 (2): 32 - 34.

[65] 王灏晨, 夏国平. 基于系统动力学的广西区域创新系统研究 [J]. 科学学与科学技术管理, 2008 (6): 66 - 69.

[66] Amburgey T., Kelly D., Barnett W. Resetting the Clock: The Dynamics of Organizational Change and Failure [J]. Administrative Science Quarterly, 1993 (38): 31 - 32.

[67] Walsh K. Public Services and Market Mechanisms: Competition, Contracting and the New Public Management [M]. London: Macmillan Basingstoke, 1995.

[68] Keeble D., Wilkinson F. Collective Learning and Knowledge Development in the Evolution of Regional Clusters of High Technology SME's in Europe [J]. Regional Studies, 1999: 23-24.

[69] Capello R., Faggian A. Collective Learning and Relational Capital in Local Innovation Processes [J]. Regional Studies, 2005 (39): 75-78.

[70] Edquist C. Systems of Innovation Approaches: Their Emergence and Characteristics [A]. Systems of Innovation: Technologies, Institutions and Organizations [M]. Cassell Academic, London, 1997.

[71] Cooke P., Urang M., Etxebarria G. Regional Innovation Systems: Institutional and Organizational Dimensions. Research Policy, 1997 (26): 475-491.

[72] Moulaert F., Sekia F. Territorial Innovation Models: a Critical Survey [J]. Regional Studies, 2003 (37): 290-300.

[73] Asheim B., Coenen L. Contextualising Regional Innovation Systems in a Globalising Learning Economy: On Knowledge Bases and Institutional Frameworks [J]. The Journal of Technology Transfer, 2006, 31 (1): 163-173.

[74] Bessant J., Alexander A., Tsekouras G. etc. Developing Innovation Capability Through Learning Networks [J]. Journal of Economic Geography, 2012, 12 (5): 1087-1112.

[75] 傅家骥. 技术创新学 [M]. 北京: 清华大学出版社, 1998: 21-25.

[76] 冯之浚. 国家创新系统的理论与政策 [M]. 北京: 经济科学出版社, 1999: 67-68.

[77] 李虹. 区域创新体系的构成及其动力机制分析 [J]. 科学学与科学技术管理, 2004 (2): 34-36.

[78] 辜胜阻, 郑凌云, 张昭. 区域经济文化对创新模式影响的比较分析——以硅谷和温州为例 [J]. 中国软科学, 2006 (4): 8-11.

[79] 周柏翔，丁永波，任春. 区域创新体系的结构模式及运行机制研究 [J]. 中国软科学，2007 (3)：25-27.

[80] 任胜钢，李焱，彭建华. 区域创新系统组织结构与运行机制的评价与比较研究 [J]. 科学学与科学技术管理，2007 (6)：81-85.

[81] 赵顺龙，范金艺. 区域创新系统内以企业为中心的知识转移分析 [J]. 科学管理研究，2009 (6)：35-41.

[82] 王焕祥，孙斐. 区域创新系统的动力机制分析 [J]. 中国科技论坛，2009 (1)：43-47.

[83] 于晓宇，谢富纪. 国际典型城市创新体系运行机制的比较研究 [J]. 上海管理科学，2009，31 (3)：77-83.

[84] 马爱民，李志祥，宋清. 技术生命周期对区域创新体系运行机制的影响分析 [J]. 中国市场，2010 (14)：25-26.

[85] Fritsch M. Measuring the Quality of Regional Innovation Systems: A Knowledge Production Function Approach [J]. International Regional Science Review, 2002, 25 (1): 86-101.

[86] Etzkowitz H., Klofsten M. The Innovating Region: Toward a Theory of Knowledge-based Regional Development [J]. R&D Management, 2005, 35 (3): 243-255.

[87] Crescenzi R., Rodríguez A., Storper M. The Territorial Dynamics of Innovation: a Europe - United States Comparative Analysis [J]. Journal of Economic Geography, 2007, 7 (6): 673-709.

[88] 黄鲁成. 宏观区域创新体系的理论模式研究 [J]. 中国软科学，2002 (1)：95-98.

[89] 李松辉，戚昌文，周祖德. 区域创新系统运行能力成熟度的测定方法研究 [J]. 科技进步与对策，2003 (22)：38-40.

[90] 易将能，孟卫东，杨秀苔. 区域创新网络演化的阶段性研究 [J]. 科研管理，2005，5 (26)：24-28.

[91] 袁潮清，刘思峰. 区域创新体系成熟度及其对创新投入产出

效率的影响 [J]. 中国软科学, 2013 (3): 101－108.

[92] 王焕祥, 孙斐, 段学民. 改革开放30年我国区域创新系统的演化特征及动力分析 [J]. 科学学与科学技术管理, 2008 (12): 44－47.

[93] 张敦富, 覃成林. 中国区域经济差异与协调发展 [M]. 北京: 中国轻工业出版社, 2001.

[94] 周元, 王维才. 我国高新区阶段发展的理论框架 [J]. 经济地理, 2003 (4): 451－456.

[95] 吕政, 张克俊. 国家高新区阶段转换的界面障碍及破解思路 [J]. 中国工业经济, 2006 (2): 5－12.

[96] 魏进平. 基于区域创新系统的经济发展阶段划分与定量判断——以河北省为例 [J]. 科学学与科学技术管理, 2008 (8): 198－200.

[97] 冯庆斌. 基于群落生态学的产学研合作创新研究 [D]. 哈尔滨工程大学, 2006.

[98] 王亮. 区域创新系统发展阶段识别研究 [J]. 现代商业, 2011 (8): 167－169.

[99] 王亮. 区域创新系统的内涵及特征研究 [J]. 管理观察, 2013, 11 (上): 170－172.

[100] 杨剑, 梁樑. 基于生命周期理论的区域创新系统研究 [J]. 中国科技论坛, 2006 (1): 41－45.

[101] 杨剑, 梁樑, 张斌. 基于模糊评价的区域创新系统生命周期的判定模型 [J]. 科学学与科学技术管理, 2007 (2): 75－79.

[102] 尚倩. 区域创新系统中政策动态定位研究 [J]. 科学学与科学技术管理, 2011, 32 (7): 81－85.

[103] 托马斯·孟. 英国得自对外贸易的财富 [M]. 北京: 华夏出版社, 2006.

[104] 亚当·斯密. 国民财富的性质和原因的研究 [M]. 北京: 商务印书馆, 2008.

[105] 阿尔弗雷德·韦伯. 工业区位论 [M]. 北京: 商务印书馆, 2010.

[106] 罗伊·哈罗德. 动态经济学 [M]. 北京: 商务印书馆, 1981.

[107] Domar D. Essays in the Theory of Economic Growth [M]. New York: Oxford University Press, 1957.

[108] Solow M. A Contribution to the Theory of Economic Growth [J]. Quarterly Journal of Economics, 1956, 70 (1): 65 – 94.

[109] Romer M. Increasing Return and Long – Run Growth [J]. Journal of Political Economic, 1986, 94 (5): 1002 – 1037.

[110] Perroux F. Economic Space: Theory and Applications [J]. Quarterly Journal of Economics, 1950 (64): 89 – 104.

[111] Vernon R. International Investment and International Trade in the Product Cycle [J]. The Quarterly Journal of Economics, 1966, 80 (2): 190 – 207.

[112] 阿尔伯特·赫希曼. 经济发展战略 [M]. 伦敦: 达克沃斯出版社, 1957.

[113] Marshall A. Principles of Economics [M]. London: Cambridge University Press, 1961.

[114] Becattini G. Industrial Districts and Inter-firm Cooperation in Italy [C]. Geneva: International Institute for Labour Studies, 1990.

[115] Veblen T. Why is Economics not an Evolutionary Science? [J]. Quarterly Journal of Economics, 1898 (12): 373 – 397.

[116] Hodgson M. Darwinism in Economics: from analogy to ontology [J]. Journal of Evolutionary Economics, 2002 (12): 259 – 281.

[117] Nelson R., Winter G. An Evolutionary Theory of Economic Change [M]. Boston: Belknap Press, 1982.

[118] Nelson R., Winter G. Evolutionary Theorizing in Economics [J]. The Journal of Economic Perspectives, 2002, 16 (2): 23 – 46.

［119］约瑟夫·熊彼特．经济发展理论［M］．北京：商务印书馆，1990.

［120］Mansfield E.，Schwartz M.，Wagner S. Imitation Costs and Patents：an Empirical Study［J］. The Economic Journal，1981，91（364）：907－918.

［121］道格拉斯·诺思．新制度经济学前沿［M］．北京：经济科学出版社，2003.

［122］Schmoolder J. Invention and Economic Growth［M］. Cambridge：Harvard University Press，1966.

［123］Mowery D.，Rosenberg N. The Influence of Market Demand Upon Innovation：a Crucial Review of Some Recent Empirical Studies［J］. Research Policy，1979（8）：102－153.

［124］斋腾优．技术开发论［M］．北京：科学技术文献出版社，1996.

［125］Iansiti M.，West J. Technology Integration：Turning Great Research into Great Products［J］. Havard Business Review，1997（5）：69－79.

［126］赫尔曼·哈肯．高等协同学［M］．北京：科学出版社，1989.

［127］切萨布鲁夫．开放式创新：进行技术创新并从中赢利的新规则［M］．北京：清华大学出版社，2005.

［128］Kline S.，Rosenberg N. An Overview of Innovation［M］. Washington，D. C.：National Academy Press，1986.

［129］Rogers M. Diffusion of Innovation（4th edition）［M］. New York：The Free Press，1995.

［130］Mansfield E. Technical Change and the Rate of Imitation［J］. Econometrics，1961（29）：741－766.

［131］Fisher J.，Price L. An Investigation into the Social Context of Early Adoption Behavior［J］. Journal of Consumer Research，1992（19）：

477 -486.

[132] Booz H. New Product Management for the 1980s [M]. New York: Booz - Allen & Hamilton Inc, 1982.

[133] Stata R. Management Innovation [J]. Executive Excellence, 1992, 9 (6): 8 -9.

[134] Dodgson M., Rothwell R. The Handbook of Industrial Innovation [M]. Cheltenham: Edward Elgar, 1994.

[135] Bergman E., Maier G., Todding F. Regions Reconsidered: Economic Networks, Innovation and Local Developmentin Industrialized Countries [M]. New York: Mansell, 1991.

[136] Freeman C. The National System of Innovation in Historical Perspective [J]. Cambridge Journal of Economics, 1995, 19 (1): 5 -24.

[137] Nelson R. National System of Innovation: A Comparative Study [M]. Oxford: Oxford University Press, 1993.

[138] 王松，胡树华，牟仁艳. 区域创新体系理论溯源与框架 [J]. 科学学研究，2013，31 (3): 344 -349.

[139] 胡树华. 产品创新管理 [M]. 北京：科学出版社，2000.

[140] 韩宝亮，王巍然. 对 CES 生产函数的扩展应用 [J]. 数量经济技术经济研究，1997 (8): 52 -55.

[141] 吴敏. 基于三螺旋模型理论的区域创新系统研究 [J]. 中国科技论坛，2006 (1): 36 -40.

[142] Lin C., Tzeng G. A Value-created System of Science Park by Using DEMATEL [J]. Expert Systems with Applications, 2009, 36 (6): 9683 -9697.

[143] Sakr D., Baas L. Critical Success and Limiting Factors for Eco-industrial Parks: Global Trends and Egyptian Context [J]. Journal of Cleaner Production, 2011 (11): 1158 -1169.

[144] 花磊. 构建区域创新能力评价指标体系 [J]. 合作经济与科

技，2007（2）：42－43.

［145］马永红．区域创新系统与区域经济发展协调度评价模型构建［J］．经济问题探索，2008（5）：39－41.

［146］郑广华．区域创新系统协调发展的评价系统研究［J］．系统科学学报，2010，18（3）：76－79.

［147］李美娟．基于理想解的区域自主创新效率动态评价研究［J］．科学学与科学技术管理，2014，35（2）：114－123.

［148］Furman L. Porter E. Stem S. The Determinants of National Innovative Capacity［J］. Research Policy，2002，31（6）：899－933.

［149］池仁勇，虞晓芬，李正卫．我国东西部地区技术创新效率差异及其原因分析［J］．中国软科学，2004（8）：128－131.

［150］Gracia A.，Voigt P.，Mike J.，Iturriagagoitia Z. Evaluating the Performance of Regional Innovation Systems［C］. 5th Tripie Helix Conference on "The Capitalization of Knowledge：Cognitive，Economic－Social & Cultural aspects" Turin，2005：18－21.

［151］罗亚非，李敦响．我国中部6省和京、沪、粤区域技术创新绩效比较研究［J］．科技进步与对策，2006，23（1）：18－21.

［152］邵云飞，谭劲松．区域技术创新能力形成机理探析［J］．管理科学学报，2006，9（4）：1－11.

［153］Sharma S.，Thomas J. Inter-country R&D Efficiency Analysis：Application of Data Envelopment Analysis［J］. Scientometrics，2008，76（3）：483－501.

［154］白俊红，江可申，李婧．中国地区研发创新的技术效率与技术进步［J］．科研管理，2010，31（6）：7－18.

［155］颜莉．我国区域创新效率评价指标体系实证研究［J］．管理世界，2012（5）：174－175.

［156］赵峥，姜欣．我国区域创新效率的差异及收敛性研究［J］．区域经济评论，2013（3）：72－78.

[157] Ernst H. Patent Applications and Subsequent Changes of Performance: Evidence from Time-series Cross-section Analyses on the Firm Level [J]. Research Policy, 2001 (30): 143 - 157.

[158] 赵彦云，刘思明. 中国专利对经济增长方式影响的实证研究：1988~2008 年 [J]. 数量经济技术经济研究，2011 (4): 34 - 48.

[159] Archibugi D. The Inter-industry Distribution of Technological Capabilities: a Case Study in the Application of Italian Patenting in the USA [J]. Technovation, 1998 (7): 259 - 274.

[160] Xielin Liu, Steven W. An Exploration into Regional Variation in Innovative Activity in China [J]. Journal of Technology Management, 2001, 21 (12): 114 - 129.

[161] 刘凤朝，沈能. 基于专利结构视角的中国区域创新能力差异研究 [J]. 管理评论，2006 (11): 13 - 18.

[162] 刘顺忠，官建成. 区域创新系统创新绩效的评价 [J]. 中国管理科学，2002 (1): 75 - 78.

[163] 胡树华，王利军，车仁艳. 分类专利对 GDP 贡献的回归分析 [J]. 软科学，2011, 25 (9): 7 - 9.

[164] 池仁勇，唐根年. 基于投入与绩效评价的区域技术创新效率研究 [J]. 科研管理，2004 (4): 23 - 27.

[165] 李婧，白俊红，谭清美. 中国区域创新效率的实证分析——基于省际面板数据及 DEA 方法 [J]. 系统工程，2008, 26 (12): 1 - 7.

[166] 王建民. 企业管理创新能力评价体系研究 [J]. 北京市经济管理干部学院学报，2006, 21 (1): 38 - 43.

[167] 傅贤治，杜丽燕. 企业管理创新能力评价的变革引擎模型研究 [J]. 科技进步与对策，2012, 29 (12): 117 - 121.

[168] 盛亚，孙津. 我国区域创新政策比较——基于浙、粤、苏、京、沪5省（市）的研究 [J]. 科技进步与对策，2013, 30 (6): 90 - 97.

[169] 张剑娜，唐天伟．我国省级地方政府管理创新能力测度及分析 [J]．江西师范大学学报（哲学社会科学版），2013，46（4）：22-26.

[170] Zhang Anming，Zhang Yimin，Zhao Ronald. A Study of the R&D Effieieney and Produetivity of Chinese Firms [J]. Journal of Com Parative Economics，2003，31（3）：444-464.

[171] 朱有为，徐康宁．中国高技术产业研发效率的实证研究 [J]．中国工业经济，2006（11）：38-45.

[172] Hu Albert G. Z. Ownership，Government R&D，Private R&D，and Produetivity in Chinese Industry [J]. Journal of Comparative Economics，2001，29（1）：136-157.

[173] 吴延兵．R&D与生产率——基于中国制造业的实证研究 [J]．经济研究，2006（11）：60-71.

[174] 侯风华，赵国杰．我国东部省市的区域创新能力评价研究 [J]．科学管理研究，2008，26（2）：21-23.

[175] Feldman M.，Audretsch D. Innovation in Cities：Science-Based Diversity，Specialization and Localized Competition [J]. European Economic Reveiew，1999（43）：409-429.

[176] Bernstein B.，Singh P. J. An Integrated Innovation Process Model based on Practices of Australian Biotechnology Firms [J]. Technovation，2006，26（5/6）：561-572.

[177] Hansen T.，Birkinshaw J. The Innovation Value Chain [J]. Harvard Business Review，2007，85（6）：121-130.

[178] Zabala-Iturriagagoitia M.，Voigt P.，Gutiérrez-Gracia A. et al. Regional Innovation Systems：How to Assess Performance [J]. Regional Studies，2007，41（5）：661-672.

[179] Chen Y.，Zhu J. DEA Models for Identifying Critical Performance Measures [J]. Annals of Operations Research，2003（124）：225-244.

[180] Resti A. Efficiency Measurement for Multi Product Industries: a Comparison of Classic and Recent Techniques based on Simulated Data [J]. European Journal of Operational Research, 2000 (121): 559 - 578.

[181] Yan H., Wei Q. L., Hao G. DEA Models for Resource Reallocation and Production Input/Output Estimation [J]. European Journal of Operational Research, 2002 (136): 19 - 31.

[182] 王军霞，官建成. 复合DEA方法在测度企业知识管理绩效中的应用 [J]. 科学学研究, 2002, 20 (1): 84 - 88.

[183] Rousseau S., Rousseau R. Data Envelopment Analysis as a Tool for Constructing Scientometrics Indicators [J]. Scientometrics, 1997, 40 (1): 45 - 56.

[184] Rousseau S., Rousseau R. The Scientific Wealth of European Nations: Taking Effectiveness into Account [J]. Scientometrics, 1998, 42 (1): 75 - 87.

[185] Guan J. C., Wang J. X. Evaluation and Interpretation of Knowledge Production Efficiency [J]. Scientometrics, 2004 (59): 131 - 155.

[186] 官建成，何颖. 基于DEA方法的区域创新系统的评价 [J]. 科学学研究, 2005, 23 (2): 265 - 272.

[187] 于晓宇，谢富纪. 基于DEA Tobit的区域创新系统资源配置优化策略研究 [J]. 研究与发展管理, 2011, 23 (1): 1 - 10.

[188] Banker R., Chames A., Cooper W. Some Models for Estimating Technical and Scale Inefficiencies in Data Envelopment Analysis [J]. Management Science, 1984, 30 (9): 1078 - 1092.

[189] P. Smith. Model Misspecification in Data Development Analysis [J]. Annals of Operations Research, 1997, 73 (11): 233 - 252.

[190] 冯锋，张雷勇，高牟，马雷. 两阶段链视角下科技投入产出链效率研究——来自我国29个省市数据的实证 [J]. 科学学与科学技术管理, 2011, 32 (8): 33 - 38.

[191] 王奇珍，朱英明，杨连盛．基于DEA的区域技术创新效率研究——以东部十省市为例 [J]．南京理工大学学报（社会科学版），2014，27（2）：19-27.

[192] 余泳泽．我国高技术产业技术创新效率及其影响因素研究——基于价值链视角下的两阶段分析 [J]．经济科学，2009（4）：62-74.

[193] 单豪杰．中国资本存量K的再估算：1952~2006年 [J]．数量经济技术经济研究，2008（10）：17-31.

[194] 秦德智，胡宏．企业技术创新能力成熟度模型研究 [J]．技术经济与管理研究，2011（7）：53-57.

[195] 栗苗，罗宏翔．滇中城市群发展阶段评判及其对策建议 [J]．现代企业文化，2012（8）：150-153.

[196] 邓聚龙．灰色控制系统 [J]．华中工学院学报，1982，10（3）：9-18.

[197] 柳卸林，高太山．中国区域创新能力报告2012 [R]．科学出版社，2013.

[198] 党耀国，刘思峰等．聚类系数无显著性差异下的灰色综合聚类方法研究 [J]．中国管理科学，2005，13（8）：69-73.

[199] 毛帅，聂锐，程平平．基于政府机制的创业模式发展研究——苏南、温州、珠江模式再析 [J]．科技进步与对策，2012，29（4）：36-39.

[200] 王鹏．粤港澳跨行政区域创新系统的创新模式及构建策略 [J]．中国科技论坛，2009（1）：41-45.

[201] 胡树华，牟仁艳．武汉东湖国家自主创新示范区现状分析与战略对策研究 [M]．武汉：武汉出版社，2010.

[202] 徐楠．区域经济增长极理论的发展历程以及对中国经济的影响 [J]．经济研究导刊，2011（13）：101-102.

[203] 陈晓枫．技术溢出效应的产生及影响因素 [J]．福州大学学

报（社会科学版），1999，13（2）：23－27.

［204］林善波．动态比较优势与复杂产品系统的技术追赶——以我国高铁技术为例［J］．科技进步与对策，2011，28（14）：10－14.

［205］范剑勇．长三角一体化、地区专业化与制造业空间转移［J］．管理世界，2004（11）：77－84.

［206］陈丹宇．基于效率的长三角区域创新网络形成机理［J］．经济地理，2007，27（3）：370－374.